Correndo atrás ou sendo seguido

Em qual posição você se encontra?

Pr. Edson Pereira Costa

Correndo atrás ou sendo seguido
Em qual posição você se encontra?

Ágape
AMOR INCONDICIONAL

São Paulo / 2012

Copyright © 2012 by Pr. Edson Pereira Costa

PRODUÇÃO EDITORIAL Equipe Ágape
DIAGRAMAÇÃO Francieli Kades
CAPA Adriano de Souza
REVISÃO Iolanda Nicioli
Nilda Nunes

Texto de acordo com as normas do Novo Acordo Ortográfico da Língua Portuguesa (Decreto Legislativo n° 54, de 1995)

Dados Internacionais de Catalogação na Publicação (CIP)
(Câmara Brasileira do Livro, SP, Brasil)

Costa, Edson Pereira
Correndo atrás ou sendo seguido : em qual posição você se encontra? / Edson Pereira Costa. -- Barueri, SP : Ágape, 2011.

1. Atitude - Mudança 2. Mudanças de vida - Acontecimentos - Aspectos religiosos - Cristianismo 3. Presença de Deus 4. Vida cristã I. Título.

11-12733   CDD-248.4

Índice para catálogo sistemático:
1. Fé em Deus : Sucesso : Vida cristã : Cristianismo   248.4

2012
Publicado com autorização. Nenhuma parte desta publicação pode ser reproduzida sem a devida autorização da Editora.
EDITORA ÁGAPE
Al. Araguaia, 2190 - 11° andar - Conj. 1112
CEP 06455-000 - Barueri - SP
Tel. (11) 2321-5080 – Fax (11) 2321-5099
www.editoraagape.com.br

Dedicatória

A Deus, por seu amor e sua misericórdia, e por me permitir entender que existo por um propósito. A minha esposa que durante todo o processo desse livro, foi e permanece a parceria ideal, te amo!

Sumário

Introdução 09

Quem corre atrás acaba se cansando 13

Por que as bênçãos são liberadas? 53

Ignorar os princípios que liberam a bênção é correr atrás do inatingível 77

O que é preciso para que as bênçãos sigam você? 95

O que é preciso para que as bênçãos alcancem sua vida? .. 109

O que é preciso para que, uma vez abençoado, a bênção permaneça? 127

Ore comigo 181

Bibliografia 183

Introdução

Durante toda a minha vida, sonhei realizar algo grande para Deus, porém, sem muito sucesso. Entendo hoje que na minha ansiedade de fazer algo para Deus quebrei um dos princípios espirituais mais sérios que existe: "A obra do Espírito só pode ser feita por pessoas espirituais". Graças a Deus, sou uma pessoa inspirada e de potencial, escrevo, ministro a Palavra e faço isso com êxito. Também toco violão, componho e canto.

Algum tempo atrás, depois de conseguir lançar meu primeiro livro, estava formando uma banda para também atingir a área de música gospel. Formei uma excelente banda, e a primeira viagem que os levei, foi muito bem-sucedida. Depois de ministrar uma conferência de três dias sobre restauração, a igreja ofereceu toda a infraestrutura para a gravação do nosso primeiro CD.

Isso foi extremamente maravilhoso. Voltamos e começamos a preparação para uma série de viagens, a princípio, vinte dias fora. Gravamos uma prévia do primeiro CD. Com isso, criei dívidas e foi aí então que tudo começou a desmoronar. O pastor não conseguiu confirmar a agenda prometida e todo o projeto veio por água abaixo. Todos esperavam que aquele fosse o momento, e isso gerou desconfianças e a destruição do grupo.

Voltei a viajar para fazer a divulgação do meu primeiro livro. Durante essa viagem, para cumprir uma semana de compromissos, um amigo pediu para ficar mais alguns dias, quando ele agendaria alguns compromissos de pregações e divulgação do meu material. Decidi ficar e nenhum desses compromissos deu certo.

Em uma dessas noites em oração, eu buscava direção de Deus para minha vida, questionava Deus por que eu tinha tantos talentos e não conseguia realizar algo que "o glorificasse" e que também me desse condições de sustentar minha família. Em meio à oração, o Espírito Santo me surpreendeu dizendo: "Os seus projetos não prosperam porque são somente seus, eu não participo dos seus projetos".

Essa palavra, como se diz popularmente, quebrou-me as pernas. Eu fiquei sem palavras, e permaneci ali, durante quase duas horas de joelhos, sem dizer uma palavra a mais para Deus, pensando apenas no que ele havia me falado. Aquela palavra me desarmou e me deixou mudo. Acredito que, até aquele momento, eu pensava que estava fazendo tudo para Deus, e tamanha foi minha surpresa quando Ele me disse que não era como eu estava pensando.

No dia seguinte, depois de orar próximo ao horário do almoço, ouvi Deus falar comigo: Correndo atrás ou sendo seguido – em qual posição você se encontra?

Logo peguei papel e caneta e anotei, acreditando que aquela palavra poderia se tornar um tema para uma mensagem. E Deus começou a falar comigo sobre esse assunto, coisas que vão muito mais além do que eu imaginava. Entendi que estava fazendo a coisa certa da maneira errada. Ter dons e capacitação para fazer a obra de Deus não é fator decisivo para se construir uma vida de sucesso, porém é necessário entender o propósito de Deus e ter a bênção de Deus para realizar a sua obra. Esses fundamentos decidem o tamanho do sucesso, assim como a profundidade do fracasso, e decidem se as coisas são feitas para Deus ou para si mesmo.

Entendi que eu estava correndo atrás e não sendo seguido. Não era só isso. Eu estava conduzindo minha vida como se eu fosse o único dono. Desprezei um sério princípio: "sempre é mais fácil fazer qualquer coisa debaixo da bênção de Deus, do que tentar sem a sua aprovação". Muitas pessoas hoje cometem esse tipo de erro, pois pensam que, pelo simples fato de buscar a Deus, isso lhes dá o direito de fazer qualquer coisa em seu Nome.

Em Jerusalém construiu máquinas projetadas por peritos para serem usadas nas torres e nas defesas das esquinas, máquinas que atiravam flechas e grandes pedras. Ele foi extraordinariamente ajudado, e assim tornou-se muito poderoso e a sua fama espalhou-se para longe.

Entretanto, depois que Uzias se tornou poderoso, o seu orgulho provocou a sua queda. Ele foi infiel ao SENHOR, o seu Deus, e entrou no templo do SENHOR para queimar incenso no altar de incenso. Sumo sacerdote Azarias, e outros oitenta corajosos sacerdotes do SENHOR, foram atrás dele.

Eles o enfrentaram e disseram: "Não é certo que você, Uzias, queime incenso ao SENHOR". Isso é tarefa dos sacerdotes, os descendentes de Arão consagrados para queimar incenso. "Saia do santuário, pois você foi infiel e não será honrado por Deus, o SENHOR". Uzias, que estava com um incensário na mão, pronto para queimar o incenso, irritou-se e indignou-se contra os sacerdotes; e na mesma hora, na presença deles, diante do altar de incenso no templo do SENHOR, surgiu lepra em sua testa." Quando o sumo sacerdote Azarias e todos os outros sacerdotes viram a lepra, expulsaram-no imediatamente do templo. Na verdade, ele mesmo ficou ansioso para sair, pois o SENHOR o havia ferido. II Cr 26.15-20 NVI

Ter sucesso em uma tarefa por conta da bênção de Deus não indica que tudo o que se faz será da mesma maneira; ter sucesso na tarefa errada também é fracassar. Entendo que Deus abençoa segundo a área que ele convocou cada um para seu propósito. Assim, tudo o que se faz em direção ao propósito de Deus para a vida, a partir do momento em que se busca a aprovação de Deus para novos projetos, haverá sua participação e consequentemente sua bênção.

Se vocês estiverem dispostos a obedecer, comerão os melhores frutos desta terra; Mas, se resistirem e se rebelarem, serão devorados pela espada. Pois o SENHOR é quem fala! Is 1.19-20 NVI

Tudo o que Deus espera de cada um é obediência ao seu plano. Deus está intrinsecamente comprometido com o seu propósito para a vida. Portanto sensibilidade ao propósito de Deus: somente isso é necessário para experimentar a bênção de Deus. É preciso entender que seus planos não são maiores, nem melhores que o propósito de Deus para a sua vida. Um planejamento é feito levando em conta fatores positivos e negativos, e Deus planeja contando apenas com sua soberana vontade. Ele é suficiente para que todos os planos e todos os propósitos se tornem reais na vida de todos.

Quem corre atrás acaba se cansando

Acredito que estou escrevendo este livro para pessoas que estão hoje como eu estive alguns anos atrás: desnorteado, sem motivação, sem alegria e principalmente sem esperança. Passou esse tempo todo como eu – correndo atrás. O duro é que quem vive correndo atrás, cedo ou tarde acaba se cansando. A falta de resultados é o pior golpe que se pode dar num ser humano. Trabalhar e não ter salário, plantar e não colher, correr e nunca chegar ao primeiro lugar, além da dor da derrota é frustrante. Saber que se tem potencial para realizar coisas muito maiores e não conseguir é terrível. Muitas pessoas hoje se formam e não conseguem trabalhar na área de sua formação, estão trabalhando em áreas muito inferiores àquela que dedicou sua formação e capacitação. Elas estão correndo atrás e se não se cansaram ainda, porém infelizmente com certeza vão se cansar.

Eu conheço pessoas formadas que saem do país para lavar pratos nos Estados Unidos. Tudo porque não conseguiram espaço na sua área de atuação aqui no Brasil. O pior é que acabam se conformando com isso e desistem dos seus sonhos. Alguns dias atrás, falando com um amigo, ele me contou a história de um dentista que está trabalhando como garçom em Los Angeles.

Não existe nada mais doloroso do que estudar, durante quatro, cinco anos dentro de uma universidade, e na hora do exercício da função as portas estarem fechadas. Assim, vê-se todo o seu investimento de tempo, noites de sono perdidas, privação de alguns momentos com os amigos, em uma pilha de pratos. Isso é difícil e extremamente doloroso. Por que essas coisas acontecem? Essa pergunta é a mesma para milhões de pessoas. Por que muitas vezes se faz tanto e se colhe tão pouco? Será que o ditado pregado em todas as camadas sociais "cada um por si e Deus por todos" é real?

Infelizmente esse termo é usado até mesmo no ambiente cristão, como se sucesso dependesse apenas do esforço e empenho humano. A maioria das pessoas que estão correndo atrás entende que seus sonhos são só seus, e é exatamente por esse motivo que Deus não tem participado da sua história com maior intensidade. É preciso deixar bem claro um ponto: Deus não é responsável por um projeto no qual ele não seja o Senhor. Quando se idealiza algo e não se coloca esse projeto para a aprovação de Deus, é como dizer se vai realizá-lo sem a Sua ajuda. Não é pelo fato de você ser de Deus que tudo o que você faz tem a aprovação dele. A maior parte dos projetos fracassa não por não serem bons o suficiente, ou por não terem sido feitos os ajustes necessários, ou ainda pelo fato de a pessoa não ser capaz. É preciso ter coragem para admitir que faltou um único fato: a bênção de Deus. O que precisa ser definido é quem é o senhor do seu projeto, você ou Deus? Ao definir quem está no controle, você define uma série de questões e estabelece de quem é a prioridade e a autoridade.

- **Quem dá a última palavra?** Deus tem o direito ao menos de opinar sobre qualquer questão sem a sua resistência?
- **Quem faz as modificações?** O seu projeto é perfeito ou Deus pode interferir e mudar alguma coisa?
- **Quem diz quem participa do projeto?** As pessoas que você escolheu são as pessoas certas?

- **Quem provê os recursos para a realização do projeto?** É você ou Deus o principal provedor?
- **Quem define o momento em que o projeto está pronto para acontecer?** Será que o tempo é agora ou é melhor aguardar um pouco mais?
- **Quem define onde vai acontecer?** Você já pensou que o melhor lugar para você pode não ser o melhor lugar para Deus?

Um dos pontos que decide a diferença entre correr atrás ou estar sendo seguido, encontra-se exatamente aqui: quem é o senhor do projeto? É você ou Deus? Se for você, então não se pode exigir dEle nenhuma responsabilidade. Quando Deus for Senhor dos seus projetos de maneira absoluta, isso quer dizer ter autoridade irrestrita sobre o que se sonha, então, não se correrá atrás e sim será seguidos, pois a responsabilidade de fazer acontecer não será mais sua e sim de Deus. Quando coloco não correr atrás isso significa: não contar apenas com o seu esforço humano, como se o seu sucesso dependesse apenas das suas decisões ou ações.

Deus pode e quer potencializar as ações de cada um, em qualquer área da sua vida. Ele pode multiplicar os resultados dezenas, centenas e, por que não dizer, milhares de vezes mais, quando ele é parte real do que se faz. Correr atrás é contar apenas com a força do seu braço, com seu leque de amizades, com as suas ideias, com a sua capacidade de resolver problemas e criar soluções.

Eu me lembro que trabalhei para uma empresa no Rio de Janeiro na área de planos de saúde. Tive um treinamento durante longos 45 dias, e depois daquele treinamento pensei que a coisa mais fácil a fazer seria vender, afinal de contas fui muito bem treinado, e meu gerente de vendas ganhou cinco anos consecutivos o prêmio de melhor vendedor da empresa, com direito a um curso nos EUA.

Pois bem. Fiquei 65 dias sem vender nada. Ia para o trabalho e chegava cedo para tomar o café da manhã, pois sabia que não teria dinheiro para o almoço. Via meus colegas de equipe bater cota e eu nada, nem um centavo de vendas. Tinha que pagar passagem de ônibus todos os dias ida e volta, visitava os clientes na maioria das vezes a pé, das 9 às 17h30, voltava para a empresa e fazia telemarketing até as 21 horas ou 21h30, organizava minha agenda com minhas visitas para o outro dia, saía do escritório por volta das 22 horas e chegava em casa por volta das 23h30, quando passava minha roupa para o dia seguinte. Isso todos os dias, durante 65 dias. Chega uma hora, que começa entrar o desespero. Quem trabalha com vendas sabe muito bem o que eu estou falando. Você não tem mais cara para pedir dinheiro emprestado, independentemente se for para amigos ou não. A família começa a dar uns toques: "Olha, procura alguma coisa melhor pra você". Alguns começam a dizer que você está pagando para trabalhar. Ouvir tudo isso e continuar focado é muito difícil, mais não desisti. Comecei a colocar aquela situação diante de Deus, e entendi que, se ele não me abençoasse, eu ficaria desempregado novamente e cheio de dívidas. Lembro-me de uma noite em que cheguei em casa, sentei em uma poltrona para tirar a roupa e desabei em lágrimas diante de Deus, pois a pressão estava grande. Dias depois, um dos clientes que eu tinha visitado, cerca de trinta dias antes, ligou para o escritório e perguntou se eu poderia visitá-lo ainda aquele dia. Quando cheguei ao seu escritório, ele me perguntou se eu conseguiria manter a proposta que tinha feito um mês atrás. Eu disse que sim, e ele então me disse que, se eu mantivesse aqueles valores, 35 pessoas fechariam o contrato comigo. Eu quase caí da cadeira! Sessenta dias sem vender e me aparece um contrato de 35 pessoas. Glória a Deus! Mais se você pensa que parou por aí, está enganado. Com uma semana de negociações, o número de pessoas subiu para 51 pessoas. Fechei um contrato com comissão de R$ 9.960.75 de uma só vez. Ninguém naquele ano havia fechado um contrato como o meu, porque simplesmente eu fazia pessoa física, e aquele era o tipo de contrato de pessoa jurídica que Deus colocou em minhas mãos. Eram duzentos vendedores no prédio, e Deus naquele ano me possibilitou realizar o que duzentos vendedores não conseguiram fazer. Nem mesmo o meu gerente fechou um contrato como o meu nos anos em que trabalhou como vendedor.

Quando você decide se colocar diante de Deus para fazer a vontade dele, ele faz que os milagres cheguem até você.

Se vocês estiverem dispostos a obedecer, comerão os melhores frutos desta terra; Mas, se resistirem e se rebelarem, serão devorados pela espada. Pois o SENHOR é quem fala! Is 1.19-20 NVI

Assim também ocorre com a palavra que sai da minha boca: ela não voltará para mim vazia, mas fará o que desejo e atingirá o propósito para o qual a enviei. Is 55.11 NVI

Muitos são os planos no coração do homem, mas o que prevalece é o propósito do Senhor. Pv 19.21 NVI

Por que quem corre atrás acaba se cansando?

Quem corre atrás está querendo fazer algo que só Deus pode fazer

Quem de vocês, por mais que se preocupe, pode acrescentar uma hora que seja à sua vida? Mt 6.27 NVI

Um ponto comum na vida de pessoas que vivem correndo atrás é a ansiedade. A palavra ansiedade pode ser definida da seguinte maneira; "ausência de realização". Então, pode-se dizer que quando se está ansioso em alguma área da vida, é sinal que está faltando realização, seja profissional, emocional, sentimental, familiar, espiritual ou financeira.

Quando se está ansioso por uma resposta, no desenvolvimento de um projeto, ou por causa de um conflito pessoal, a ansiedade vem e distorce a realidade. Jesus estava fazendo a pergunta mais atual de toda a sua vida. A pergunta era a seguinte: A ansiedade de vocês pode aumentar 46 centímetros na altura de vocês? A ansiedade de vocês pode aumentar uma hora no curso da vida? A ansiedade não pode fazer parar o tempo, nem parar de chover, porque essas ações competem somente a Deus. No desespero gerado pela ansiedade, tenta-se mudar coisas nas quais não há nenhuma condição física, emocional e de tempo para fazê-lo, e com isso acaba-se frustrado. A ansiedade destrói a capacidade de ver, pensar e agir ou reagir. Ao se tornar uma pessoa ansiosa, olha-se para a vida e não se percebe o que de melhor a vida tem para oferecer. Vive-se de migalhas, torna-se infeliz por antecipação, não consegue perceber que Deus tem levantado pessoas maravilhosas para estar ao seu lado e ser pontes para milagres de Deus em sua vida.

Cinco pontos negativos da ansiedade

1º ponto negativo da ansiedade – desvalorização da vida. Portanto eu lhes digo: *Não se preocupem com sua própria vida, quanto ao que comer ou beber; nem com seu próprio corpo, quanto ao que vestir. Não é a vida mais importante que a comida, e o corpo mais importante que a roupa?* Mt 6.25 NVI.

A ansiedade distorce a alegria da vida

Você conhece alguma pessoa ansiosa alegre? A ansiedade coloca a alegria como alvo secundário da vida. A ansiedade reduz os momentos de alegria a pequenos *flashes*. Há falta de alegria interior. Não estou falando apenas daqueles momentos em que alguém conta algo engraçado, ou ainda quando algo completamente atípico acontece com você, ou com seus amigos. A ansiedade mata a alegria interior, fazendo a pessoa dar prioridade inconscientemente à tensão, ao medo e à expectativa.

Jesus estava mostrando a eles que, se não valorizassem mais suas vidas, perderiam a alegria de viver. O que torna a vida algo maravilhoso, não são as conquistas realizadas ou as vitórias alcançadas, a vida por ela mesmo é um dom, e só por esse motivo deve ser vivida intensamente, em todos os sentidos. Não haverá uma segunda chance, e cada minuto que você deixa de experimentar com alegria está perdido, ele não volta mais. A vida é o meu e o seu principal objetivo. Não se torne uma pessoa infeliz por aquilo que não conseguiu, aprenda com os erros, cresça e não se esqueça de viver. Eu não quero ser entendido como puritano. As grandes conquistas fazem parte da vida sim, mas não é o que faz da vida algo grandioso. A vida é um espetáculo porque se está em cena, e só por esse motivo se tem a obrigação de ser feliz.

Eu lembro a história contada por um pastor em uma de suas ministrações. Ele conta que em um determinado culto um menino, com chinelo de dedo, um short bem surrado e sem camisa, veio pelo cantinho da igreja, chegando junto ao local onde os pastores sentavam, chamou-o e perguntou:

— Pastor, você me deixa cantar um hino?

O pastor olhou para o menino e disse:

— Vai para casa toma um banho troca de roupa e eu deixo você cantar.

O menininho saiu correndo da igreja e em alguns minutos ele estava de volta. Foi até o pastor novamente de chinelo de dedos, short bem surrado, sem camisa e perguntou:

— Pastor, o senhor deixa cantar um hino?

O pastor olhou para o menino e bravo disse:

— Eu não disse para que você fosse para casa, tomasse banho trocasse de roupas e eu deixaria você cantar!

Aquela situação se repetiu por mais uma vez, porém quando o pastor questionou o menino novamente ele respondeu ao pastor:

— Pastor, eu só tenho esse chinelo e esse short. O senhor deixa cantar um hino?

O pastor, olhando para o menino, encheu os olhos de lágrimas, o pegou no colo, imediatamente parou o culto, explicou aos irmãos o acontecido e deu o microfone nas mãos do menino. Ele, com muita convicção, pegou o microfone, cumprimentou os irmãos e cantou a canção:

"Jesus é tudo pra mim, ele é tudo pra mim, ele é o tesouro que eu tenho, guardado em meu peito, ele é tudo pra mim, ele é o tesouro que eu tenho, guardado em meu peito, ele é tudo pra mim".

Aquela criança não tinha um bom tênis, uma boa calça ou uma boa camisa para ir à igreja, mas nela havia um tesouro guardado em seu peito: Jesus! Às vezes, na vida, não teremos tudo, mais existem tesouros maiores que conquistas e vitórias. Estar vivo é um grande motivo para estar alegre.

A ansiedade distorce o prazer de viver

Eu vivi momentos na vida em que não sentia o sabor dos alimentos, assistia a filmes dos quais não me lembro de uma cena sequer, lia a Bíblia sem entender o que Deus estava falando comigo, conversava com pessoas de quem nem lembro seus nomes e muito menos o assunto sobre o que discutíamos. Minha mente estava longe, tão longe que a palavra prazer não existia pra mim. Prazer é o encanto da vida.

Da mesma forma que se precisa de alegria para viver, também é necessário aprender a ter prazer em cada momento da vida, seja ele uma grande vitória, ou um pequeno momento de ideias. Aprenda a ter prazer na sua família, em seus filhos, em seus amigos, em seu local de trabalho. A vida é maior que qualquer vitória conquistada. A vida é seu maior patrimônio.

Pensar que só se vai conseguir desfrutar de prazer quando suas expectativas forem realizadas não é só um erro, é uma tolice. A vida assim perde o sentido de ser vivida.

Acordar ao lado da pessoa que você ama é tão importante quanto ter um milhão de dólares. Se você não valoriza isso, cuidado! Alguém pode valorizar. Se você não aprender ter prazer nas pequenas coisas, não são as grandes vitórias que vão lhe ensinar isso.

Lendo sobre a vida de grandes homens, noto que eles aprenderam a celebrar cada conquista. Isso foi criando neles censo de valor. O que você tem não determina quem você é; você sempre será maior que seu carro, sua casa e sua conta bancária. Você faz a vida, a vida não faz você. Você determina o que é importante e porque é importante, não é o que você conquista que determina seu nível de importância.

2º ponto negativo da ansiedade — desvalorização do que somos para Deus. *Observem as aves do céu: não semeiam nem colhem nem armazenam em celeiros; contudo, o Pai celestial as alimenta. Não têm vocês muito mais valor do que elas?* Mt 6.26 NVI.

A ansiedade lança uma mensagem subjetiva na mente humana: "Deus não te ama!" "Se Deus te amasse, você não estaria passando por isso". Jesus mais uma vez entra em cena e traz uma reflexão atual: o valor da vida para Deus. Jesus confronta sua geração, que começava a acreditar que a roupa é mais importante que o corpo e que aquilo que se tem é mais importante do que aquilo que você é. Essa mensagem diabólica que Deus não se importa com o valor do ser humano não pode ser aceita em seu coração, pois Deus jamais se esquece de um filho dele.

Haverá mãe que possa esquecer seu bebê que ainda mama e não ter compaixão do filho que gerou? Embora ela possa esquecê-lo, eu não me esquecerei de você! Is 49.15 NVI

São as decisões que causam o afastamento de Deus. Ele em momento algum quer desamparar você, mas não pode ser contra ele mesmo. Deus não aceita ser refém das suas vontades. A partir do momento em que suas vontades são maiores que a vontade de conhecê-lo, ele permite que se colha os frutos das suas ações.

Portanto, a ira de Deus é revelada dos céus contra toda impiedade e injustiça dos homens que suprimem a verdade pela injustiça, pois o que de Deus se pode conhecer é manifesto entre eles, porque Deus lhes manifestou. Pois desde a criação do mundo os atributos invisíveis de Deus, seu eterno poder e sua natureza divina, têm sido vistos claramente, sendo compreendidos por meio das coisas criadas, de forma que tais homens são indesculpáveis; porque, tendo conhecido a Deus, não o glorificaram como Deus, nem lhe renderam graças, mas os seus pensamentos tornaram-se fúteis e o coração insensato deles obscureceu-se. Dizendo-se sábios, tornaram-se loucos. Rm 1.18-22 NVI

Para que Deus se esquecesse de você, Ele teria que arrancar as próprias mãos:

Veja, eu gravei você nas palmas das minhas mãos. Is 49.16ª NVI

Deus teria que invalidar a sua própria palavra:

... assim também ocorre com a palavra que sai da minha boca: ela não voltará para mim vazia, mas fará o que desejo e atingirá o propósito para o qual a enviei. Is 55.11 NVI

Deus jamais o abandonará, ainda que a sua família faça isso, Deus não o deixará sozinho.

Ainda que me abandonem pai e mãe, o SENHOR me acolherá. Sl 27.10 NVI.

3º ponto negativo da ansiedade – incapacidade de mudar as circunstâncias. *Quem de vocês, por mais que se preocupe, pode acrescentar uma hora que seja à sua vida?* Mt 6.27 NVI

Por que a ansiedade gera incapacidade de mudar as circunstâncias?

Ansiedade gera pressa e pressa não é inimiga da perfeição, pressa é sua inimiga. Eu poderia me lembrar, neste momento, de pelo menos dez coisas que fiz com pressa, e instantes depois fui obrigado a voltar e fazer certo. A pressa não é a inimiga da perfeição, a pressa é minha e sua inimiga. A ansiedade não aceita a palavra tempo, e pessoas ansiosas não aceitam ouvir "você precisa esperar", pois querem tudo na hora do seu desespero e não aprenderam a descansar em Deus. É comum pessoas ansiosas perderem o sono, como se não dormir fosse fazer o dia chegar mais rápido.

Eu quero neste momento encorajá-lo a acreditar que Deus pode agir a seu favor, mais você precisa confiar e descansar em Deus. As pessoas hoje acham que o normal é viver estressado e ansioso por tudo. Se alguém diz estar em paz, isso parece algo incomum. Contudo, o normal em Deus é viver em paz, em alegria, por saber que Ele tem a última palavra sobre qualquer aspecto da vida. Ansiedade gera bloqueio visual, auditivo e espiritual.

A ansiedade deixa a pessoa cega e surda. Ninguém dominado pela ansiedade consegue parar para ouvir e ver o que Deus quer mostrar. Às vezes, o que se busca está mais próximo do que se imagina. Não se consegue ver porque a ansiedade cega.

Eu me lembro de uma vez em que eu havia separado algumas pessoas para o corpo de obreiros da igreja, e dentre elas, havia uma irmã, muito simples. Na ocasião, minha esposa revendia roupas, e eu senti no coração o desejo de dar uma roupa nova para aquela irmã para que no dia em que todos fossem apresentados em sua função, ela viesse vestindo uma roupa melhor. Terminando o culto, eu disse a ela que no dia seguinte eu e minha esposa iríamos a sua casa, pois eu tinha algo a falar com ela. Quando cheguei a sua casa no outro dia, ela disse que não conseguiu dormir nem comer de tão ansiosa que estava; e eu só queria dar uma roupa a ela. Ansiedade faz você sofrer por antecipação, você se torna um mestre em se torturar.

Ansiedade gera irresponsabilidade. Pelo simples fato de não querer esperar, a ansiedade faz você agir de maneira irresponsável, com o que faz, fala e na maneira de decidir. Quando se decide com calma, evita-se ter voltar para pedir desculpa. Ansiedade gera medo.

Quantas vezes você já se pegou pensando da seguinte forma: "se não der certo o que vou fazer da minha vida". Esse medo do amanhã bloqueia a percepção de oportunidade, você se limita a ver somente o que pode lhe provocar sofrimento, começa a temer o amanhã sem estar correndo riscos reais. Não sofra pelo mal que ainda não chegou. A vida é bela, não aborte seus sonhos, porque existe a possibilidade de algo dar errado, viver é um risco.

4º ponto negativo da ansiedade - falta de paz para buscar a Deus. *Busquem, pois, em primeiro lugar o Reino de Deus e a sua justiça, e todas essas coisas lhes serão acrescentadas.* Mt 6.33 NVI

Por que quando se está ansioso não se consegue buscar a Deus?

O momento que mais reflete quanto a ansiedade dominou são aqueles em que se volta para Deus por meio da oração. São nesses momentos que a impaciência acaba roubando o lugar que Deus deveria ocupar em sua vida. Não conseguir ter paz enquanto se ora é o mesmo que dizer que a oração não funciona e que Deus não existe. O salmista chega ao ponto de confrontar a si mesmo, em respeito a tanta impaciência.

Por que você está assim tão triste, ó minha alma? Por que está assim tão perturbada dentro de mim? Ponha a sua esperança em Deus! Pois ainda o louvarei; ele é o meu Salvador e o meu Deus. Sl 42.5 NVI

A ansiedade é a mãe da impaciência. Não permita que a ansiedade participe dos seus momentos de busca a Deus, pois além da impaciência a ansiedade gera insensibilidade a Deus e a sua vontade. Hoje, vive-se na geração fast-food, e ninguém quer esperar, seja por Deus ou por sua ação. O que se quer deve ser para agora e não aceitamos nenhum minuto de atraso. Em Deus as coisas não funcionam assim; Ele sempre age, porém,

Deus não passa por cima dos seus princípios. Entendo que Deus não resolve o problema sem antes resolver o que você é. Ansiedade gera incredulidade.

Chegando ao lugar onde Jesus estava e vendo-o, Maria prostrou-se aos seus pés e disse: "Senhor, se estivesses aqui meu irmão não teria morrido". "Tirem a pedra", disse ele. Disse Marta, irmã do morto: "Senhor, ele já cheira mal, pois já faz quatro dias". Jo 11.32,39 NVI

Marta estava convicta que, se Jesus não tivesse demorado tanto, seu irmão não teria sido sepultado. Ela desacreditava do que Jesus poderia fazer naquele instante. Esse é problema que a ansiedade gera, pois para o ansioso Deus sempre está atrasado.

Aquele quadro pintado por Marta é comum na vida de muitas pessoas que acreditam que suas orações não foram respondidas a tempo, como se Deus tivesse perdido a noção de tempo e espaço.

Cada segundo perdido é contado como atraso para o homem, mas para Deus não.

Desde o início faço conhecido o fim, desde tempos remotos, o que ainda virá. Digo: Meu propósito permanecerá em pé, e farei tudo o que me agrada. Is 46.10 NVI

Deus conhece o final e o começo. É como se Deus andasse de trás para frente. Ele conhece o tempo exato de agir, portanto não permita que a ansiedade determine como você deve crer. Fé é uma ferramenta que está firmada no caráter de Deus, e incredulidade é colocar dúvidas sobre o caráter de Deus. Quando Marta responde ao Senhor "se estivesse aqui", ela condiciona o agir e o poder de Jesus pelo fato de Lázaro estar morto; automaticamente ela está dizendo: não adianta mais, o seu poder não vai mudar essa situação. Várias vezes age-se assim ao determinar até onde Deus pode agir, por não se ver possibilidades. É esquecido um princípio simples: Deus não opera segundo o ponto de vista humano.

Não cabe ao homem nem direito nem autoridade para delimitar um perímetro da ação de Deus.

A incredulidade define o limite da ação de Deus, e se sustenta na impotência humana. A verdade é que sempre desistimos antes de Deus agir, portanto não permita que a ansiedade influencie sua fé, sua visão, suas palavras.

Deixe que Deus julgue até onde ele quer e pode atuar em sua vida.

5º ponto negativo da ansiedade – vive-se o mal antecipadamente. *Portanto, não se preocupem com o amanhã, pois o amanhã trará as suas próprias preocupações. Basta a cada dia o seu próprio mal.* Mt 6.34 NVI

Cada dia deve ser vivido como o mais maravilhoso presente recebido. Cada novo dia tem seus desafios, seus problemas, assim como suas oportunidades. Tudo o que é preciso para vencer o amanhã nascerá com ele.

A ansiedade cria uma distorção na realidade, como se sempre fosse preciso coisas, além das necessidades reais.

Sofrer pelo que não se sabe se será necessário é masoquismo. Quando se sofre por antecipação, não se experimenta o momento, não se consegue perceber as oportunidades que Deus cria para dar as bênçãos durante o dia. O foco está naquilo que é abstrato, o que é apenas uma possibilidade e não uma realidade. Quando se sofre por antecipação, desacredita-se na bênção, na provisão, no amor, no propósito de Deus e na intervenção divina.

Por muitas vezes, li em alguns lugares, "Viva hoje como se fosse o último dia da sua vida". Você não é nada no seu passado, seu passado não se repetirá. Você não é nada em seu futuro, ele ainda não chegou.

Deus não julga ninguém pelo seu passado, nem muito menos pelo futuro que ainda não é fato. Imaginem Deus dizendo: "Meu filho estou te corrigindo agora, porque daqui a cinco minutos você vai pecar".

Tudo o que você é você é neste exato momento, seu passado o trouxe até aqui, mas ele não é o que decide a maneira de Deus o tratar. São suas escolhas durante este dia que determinarão a maneira de Deus agir. Suas escolhas trazem consequências sim, então a partir de hoje decida pensando em que tipo de colheita você quer ter. Faça sempre o melhor com seu tempo, com seus dons, com as oportunidades, na maneira de se relacionar com as pessoas, no julgamento que você faz de pessoas e situações.

O futuro é um conjunto de escolhas que se faz no presente, então, não desista antes do tempo. Você tem um dia de 24 horas pela frente. No campo de futebol, um time só perde quando o árbitro toca o apito. Não se impeça de viver, viva o melhor deste dia, cada experiência hoje pode mudar suas escolhas e decisões de amanhã. Viva o melhor deste dia.

Como vencer a ansiedade?

Aprendendo a confiar realmente em Deus.

Confie no SENHOR e faça o bem; assim você habitará na terra e desfrutará segurança. Sl 37.3 NVI

Confiança é uma palavra que só aparece nos momentos de tensão para provar até que ponto você confia em Deus. Isso não é questionado até que uma situação fora do seu controle apareça. Declarar confiança em dias de paz não pode ser tido como um desafio. Como confiar em alguém que não se conhece? Quando Davi afirma essa confiança, ele faz isso sustentado em suas várias experiências com Deus. Davi tinha motivos para afirmar que confiar em Deus gera excelentes recompensas. Entenda, ninguém confia em outra pessoa se não estiver convicto de seu poder, da sua influência, dos seus recursos e das suas habilidades.

O motivo da confiança de Davi em Deus é que ele teve várias provas da ação de Deus em sua vida. Davi teve muitas experiências com Deus:

Davi, entretanto, disse a Saul: Teu servo toma conta das ovelhas de seu pai. Quando aparece um leão ou um urso e leva uma ovelha do rebanho, eu vou atrás dele, dou-lhe golpes e livro a ovelha de sua boca.Quando se vira contra mim, eu o pego pela juba e lhe dou golpes até matá-lo. Teu servo pôde matar um leão e um urso; esse filisteu incircunciso será como um deles, pois desafiou os exércitos do Deus vivo.O SENHOR que me livrou das garras do leão e das garras do urso me livrará das mãos desse filisteu. I Sm 17.34-37. NVI

As experiências de Davi lhe autorizavam a falar com autoridade, do que acontece a partir do momento em que se confia em Deus.

Mesmo quando eu andar por um vale de trevas e morte, não temerei perigo algum, pois tu estás comigo; a tua vara e o teu cajado me protegem. Sl 23.4 NVI

Pois a sua ira só dura um instante, mas o seu favor dura a vida toda; o choro pode persistir uma noite, mas de manhã irrompe a alegria. Sl 30.5 NVI

Não é possível existir confiança em Deus se não existir experiência. Davi não fugiu dos desafios da vida. Acredito que a primeira vez que ele teve que enfrentar um leão, não foi fácil, mais ele acreditou que Deus poderia livrá-lo, mesmo com medo. Antes da confiança vem o medo, isso é natural; confiar em Deus não é deixar de ter medo, é não ser mais escravizado pelo medo, medo de não ter, medo de não saber, medo de não conseguir, esses são medos comuns. Deus está desafiando cada um a superar todos eles, e dia a dia, ele está dizendo; "Aprenda a confiar em mim, mais do que você confia em seus medos". Diante de cada desafio, aprenda a confiar em Deus. Ele conhece os melhores caminhos para o sucesso, pessoal, espiritual e emocional.

Aprendendo a deleitar-se em Deus

Deleite-se no SENHOR, e ele atenderá aos desejos do seu coração. Sl 37.4 NVI

Deleitar-se é aprender a ter prazer em Deus, em estar diante de Deus. Um dos mais graves erros que a geração atual comete está relacionado ao prazer de buscar a Deus.

Infelizmente a Igreja tem cedido essa pressão. As pessoas não são mais conduzidas a ter prazer em Deus. Os cultos a cada dia diminuem mais o tempo, e as pessoas não se entregam ao momento de louvor, cantam louvores apenas quando vão aos cultos, Observe o que Davi declara:

Bendirei o SENHOR o tempo todo! Os meus lábios sempre o louvarão. Sl 34.1 NVI

Davi não cantava louvores a Deus apenas no templo, e era comum no seu dia a dia louvar ao Senhor. Não se trata de uma pessoa comum, mas de um Rei, que não tinha vergonha de declarar sua fé por meio do que cantava. Quando chega o momento da ministração da Palavra de Deus, o momento que se deveria dedicar maior atenção e devoção, pois Deus falará e orientará com sua Palavra, as pessoas ficam olhando para o relógio. Muitas não têm prazer em ler a palavra em suas casas. Davi tinha o hábito de constantemente meditar na Palavra de Deus.

Como é feliz aquele que não segue o conselho dos ímpios, não imita a conduta dos pecadores, nem se assenta na roda dos zombadores! Ao contrário, sua satisfação está na lei do SENHOR, e nessa lei medita dia e noite. É como árvore plantada à beira de águas correntes: Dá fruto no tempo certo e suas folhas não murcham. Tudo o que ele faz prospera! Sl 1.1-3 NVI

O motivo de um relacionamento com Deus superficial é a falta de prazer nas coisas relacionadas a Deus. A ansiedade tem dominado pessoas superficiais, porque não conseguem aplicar em seu dia a dia a alegria de uma vida com Deus. John C. Maxwell em seu livro *Como tornar-se uma pessoa de influência* declara: "Aquele que não tem uma vida interior é escravo do que lhe cerca". Essa é uma das mais poderosas sentenças que já li em minha vida. Entendo que não é possível construir uma vida interior sem a aplicação na sua rotina das verdades que norteiam a fé. Se confiar em Deus não for uma verdade diária, não será uma verdade em dias de crise. Se louvar a Deus não for uma verdade diária, não será uma verdade em dias de crise. Se ler a Bíblia não for uma verdade diária, não será uma verdade em dias de crise. Você é na crise o que você é no seu dia a dia. O momento de crise vem e mostra do que se é feito, quais são os seus valores, o que lhe motiva, qual o tamanho da sua fé, quanto a Palavra de Deus faz parte da sua vida diária? Se você naturalmente faz essas coisas, a crise não alterará sua relação com Deus, na verdade alimentará.

Aprendendo a entregar para Deus

Entregue o seu caminho ao SENHOR; confie nele, e ele agirá. Sl 37.5 NVI

Muitas vezes tentei me enganar, declarando em oração da seguinte maneira: Oh Deus poderoso, eu entrego em tuas mãos esta situação, para que o Senhor cuide e me dê vitória!" Mentira! Esperava algum tempo, percebia que nada mudava, lá estava eu novamente, lutando e fazendo do meu jeito. Constantemente vejo pessoas fazendo o mesmo que fiz várias vezes, e se não me policiar, ainda hoje faço novamente.

Todos têm a péssima mania de colocar e tirar da mão de Deus um problema várias vezes ao dia. Aprendi que eu coloco nas mãos de Deus e espero que ele aja ao meu favor, ou faço eu mesmo e assumo os riscos e as consequências. Quando um banco contrata os serviços de uma empresa de carro forte, essa empresa assume todos os riscos de garantir a integridade do que lhe foi confiado. Quando se entrega algo para Deus, Ele também assume os riscos, porém, essa entrega precisa ser total. Deus não garante o que se entrega a Ele pela metade. A atitude de quem se entrega deve ser descansar, e descansar porque reconhece que os cuidados de Deus são completos e garantidos.

Quem corre atrás perdeu a direção; não consegue mais ouvir a voz de Deus

Balaão levantou-se pela manhã, pôs a sela sobre a sua jumenta e foi com os líderes de Moabe. Mas acendeu-se a ira de Deus quando ele foi, e o Anjo do SENHOR pôs-se no caminho para impedi-lo de prosseguir. Balaão ia montado em sua jumenta, e seus dois servos o acompanhavam. Quando a jumenta viu o Anjo do SENHOR parado no caminho, empunhando uma espada, saiu do caminho e foi-se pelo campo. Balaão bateu nela para fazê-la voltar ao caminho. Nm 22.21-23. NVI

Ao afirmar que alguém é um homem ou mulher de Deus, entende-se que essa pessoa tem um relacionamento muito próximo com Deus, e mais, que essa pessoa pauta sua vida na direção e na vontade de Deus. Entende-se que um homem de Deus não toma decisões que se choquem com a vontade de Deus para sua vida. Para que uma pessoa carregue este título "Homem de Deus" ou "Mulher de Deus", alguns atributos devem estar bastante claros.

Balaão se perde em sustentar o propósito de fazer somente o que Deus queria que fizesse; sua relação com Deus, apesar de ser apresentada na condição profeta, era muito superficial. A relação de Balaão com Deus tinha sérios problemas, e o mais sério deles era que falando em nome de Deus, ele não conseguia saber o que Deus queria que ele fizesse.

Pode-se dizer que Balaão se tornou mais perdido que cego em meio de um tiroteio. Seus valores e suas convicções lhe afastaram tanto de Deus que o impediram de reconhecer o que Deus queria lhe falar, e ver o que Deus queria lhe mostrar. Deus se vê obrigado a falar com Balaão da única maneira que ele entenderia: por intermédio de uma mula! O mais impressionante é que Balaão não desconfiou que algo no mínimo estranho estava acontecendo.

Ele conseguiu discutir com uma mula! Ele estava tão equivocado que uma mula falar era considerado algo normal. Balaão só consegue perceber que algo estava errado quando Deus decide abrir seus olhos espirituais. Às vezes, o mesmo acontece com as pessoas. Deus tenta falar que o caminho está errado, e ele faz isso de todas as formas, até que se vê obrigado a falar da única maneira que se consegue entender.

No Rio de Janeiro, trabalhei em uma instituição que prestava assistência ao presidiário e sua família, assistência jurídica, psicológica e social. Quando conheci a instituição, seu presidente era um ex-presidiário, que havia sido condenado por 462 anos de cadeia. Na cadeia, ele cursou quatro faculdades por correspondência, e com 12 anos saiu em liberdade condicional.

Em uma de nossas conversas, ele me disse o seguinte: "Quando o homem não para para ouvir a Deus, Deus para o homem para falar com ele". Ele me disse ainda mais; "Essa foi à única maneira para eu parar e permitir que alguém me falasse do amor de Deus".

Deus quer falar com você, e a pergunta é: você vai parar, para ouvi-lo, ou ele precisa parar você? Deus quer falar e tratar com você, de Pai para filho, porém, se você não consegue entender essa linguagem, Ele vai falar com você de maneira que hoje você consiga entender, portanto, não se surpreenda! A qualquer momento, algo estranho pode acontecer a sua volta. Deus vai usar o que está em seu nível de entendimento para falar com você. Deus queria corrigir a rota de Balaão, mas ele estava cego, e a mula via e ouvia o que Deus falava, mas ele não.

Não se tratava de algo comum. Era o que se denomina teologia de Antropomorfismo ou Teofania, ou seja, era o anjo que personificava a manifestação do próprio Deus. Naquele momento, era o próprio Deus que se manifestava a Balaão, e Balaão não conseguia reconhecer. Ele estava então fazendo algo em nome de Deus, sem que Deus fizesse parte. Ele entra em rota de colisão com Deus e não percebe.

Milhões de cristãos hoje estão assim, correndo atrás e perdendo a direção de Deus para suas vidas. Estão em rota de colisão com o próprio Deus e ainda não descobriram. O que fez você deixar de ouvir a voz Deus? O que o ensurdeceu a tal ponto que Deus fala com você e você não ouve? Que convicções encheram o seu coração, a ponto de não perceber que está agindo sem direção e sem bênção de Deus sobre sua vida? O motivo de em alguns momentos o diabo agir não é porque ele é mais forte que Deus ou coisa parecida, é unicamente a falta da participação de Deus em sua história. Existem momentos em que Deus, para impedir você de fazer algumas escolhas erradas, Ele mesmo se coloca como opositor. Infelizmente, para não reconhecer que se está errado, é mais fácil atribuir a oposição ao diabo, do que buscar em Deus a direção.

Paulo e seus companheiros viajaram pela região da Frígia e da Galácia, tendo sido impedidos pelo Espírito Santo de pregar a palavra na província da Ásia. Quando chegaram à fronteira da Mísia, tentaram entrar na Bitínia, mas o Espírito de Jesus os impediu. At 16.6-7 NVI

Existe algo que é característica da aprovação de Deus na vida de uma pessoa: a palavra é sucesso. O apóstolo Paulo e seus companheiros fracassam em sua missão de pregar a Palavra de Deus em duas regiões. A primeira coisa que se especularia é que o diabo está furioso! Às vezes, a ansiedade é tanta em fazer algo para Deus, que não se preocupa com o mais importante: Qual a opinião de Deus sobre o que se quer fazer? Como ele quer que seja feito?

Às vezes, o fracasso vem não por falta de motivação, ou por falta de capacitação, mas porque Deus não quer que se invista tempo, motivação e dons em uma direção que não é a dEle. Talvez alguns digam assim: "Por que Deus não me avisou? Se ele tivesse me avisado eu não faria!" Veja bem, Deus não queria que o apóstolo parasse de pregar o evangelho, Deus apenas não precisava dele naquela região, e naquele momento. O apóstolo Paulo só percebe isso quando se desarma e permite então que Deus lhe mostre o caminho.

Durante a noite Paulo teve uma visão, na qual um homem da Macedônia estava em pé e lhe suplicava: "Passe à Macedônia e ajude-nos". Depois que Paulo teve essa visão, preparamo-nos imediatamente para partir para a Macedônia, concluindo que Deus nos tinha chamado para lhes pregar o evangelho. At 16.9-10 NVI

Enquanto ele não se desarmou, Deus não falou com ele. Enquanto você não se desarmar e continuar insistindo em uma direção, Deus não falará com você. Se você tivesse um pouco mais de sensibilidade à voz de Deus, perceberia que os sinais foram dados, mas você tentou dar o seu jeitinho, e acabou passando por cima do que Deus falou com você.

Balaão precisou que uma mula falasse e que Deus abrisse seus olhos. Paulo precisou fracassar em sua missão para considerar que Deus o estava direcionando a outro lugar. O que você precisa para reconhecer a voz e direção de Deus? Em nome de Jesus, quero encorajá-lo a parar tudo agora, e perguntar a Deus se o caminho que você está tomando é ou não a direção dEle para sua vida. A melhor coisa a fazer quando se está perdido não é continuar caminhando; é parar e rever a rota, encontrar os erros, renovar as forças e reencontrar o caminho.

Deus não deixou de falar com você porque desistiu de você, e sim porque você não queria dar ouvidos para Ele. Está na hora de fazer como fez Balaão: *"Então Balaão inclinou-se e prostrou-se, rosto em terra.*" Está na hora de você se prostrar, pedir perdão a Deus por sua rebeldia e se render a Ele completamente. Deus quer voltar a falar com você!

Quem corre atrás cansou de obedecer

Eu estava discutindo em uma escola de líderes sobre o tema obediência. A palavra é ao mesmo tempo simples e complexa. Simples porque alguém manda e quem ouve obedece. Complexa porque obediência significa dependência, submissão, subordinação e ainda sujeição. Desse momento em diante, a palavra obediência se torna uma palavra muito difícil de ser praticada, principalmente por pessoas com convicção do seu potencial. Pessoas que ainda desconhecem seu potencial, aceitam o caminho da obediência sem resistência, costumam não ter tantos "por que", tornam-se dependentes, submissas, subordinadas, sujeitam-se aos caminhos de Deus, sem se sentirem humilhadas ou incapazes, aprendem a depender somente de Deus e não se acham donos de suas realizações. Essas pessoas têm muito mais condições de viver uma vida de sucesso, pois aprendem com menos resistência os princípios de Deus para o sucesso. A vida cristã é uma vida de princípios; se não houver a ajuda do Espírito Santo, moldando em cada um a mente de Cristo, esses princípios tornam-se completamente absurdos para aceitação e aplicação segundo a lógica humana.

Foi a obediência aos princípios que fizeram de João Batista um pregador de palavras duras, com guarda-roupas completamente fora de moda e estilo alimentar um tanto rústico, e ainda o maior pregador de sua geração. Os que moravam em palácios, e os que moravam distantes, assim como os pobres se submetiam ao seu pastorado. João Batista não estava no centro da cidade, não havia cursado as melhores escolas da época, porém, obedeceu ao chamado e à direção de Deus para sua vida.

O que precisamos entender sobre princípios?

- Os princípios me ensinam quem sou. Gn 1.26(a)
- Os princípios me ensinam para que fui criado. Gn 1.26(b)/Gn 4.7/Sl 115.16
- Os princípios me ensinam as bases do meu sucesso. Js 1.8/Is 1.19
- Os princípios me ensinam a maneira de agir na hora da crise. Ml 3.8-11
- Os princípios me ensinam como semear. II Cor 9.6-10.
- Os princípios me ensinam como trazer multiplicação sobre a minha vida. Lc 6.38
- Os princípios me ensinam como impedir que o diabo aja em minha vida. I Jo 5.18
- Os princípios me ensinam que o reino é mais importante que a religião. Mt 6.33
- Os princípios determinam o que vem em primeiro lugar. Mt 6.33
- Os princípios determinam a minha escala de valores. Hb 12.14
- Os princípios determinam o lugar de Deus em minha vida. Sl 127.1-2
- Os princípios determinam quem sou no mundo espiritual. Mt 16.18/Ef 1. 17-22/Ef 2.1-6.

Entender os princípios inseridos nas escrituras que regem a vida com Deus é fundamental para liberar ou reter as bênçãos.

Definição da palavra princípio – Princípio é toda estrutura sobre a qual se constrói alguma coisa. São ensinamentos básicos e gerais que delimitam de onde devemos partir em busca de algo, verdades práticas que visam treinar nossa mente para que haja melhor discernimento sobre os caminhos corretos a serem tomados nos objetivos. É por meio dos princípios que se pode extrair regras e normas de procedimento. Os princípios são os pilares e as bases do ordenamento. Eles traçam as orientações e as diretrizes que devem ser seguidas por todos. Princípio é por definição um alicerce. Quando se entende os princípios que norteiam a fé, e os obedece, as engrenagens da vida com Deus funcionam. Quando você pratica os princípios que Deus estabeleceu, você então libera sobre a sua vida um ciclo de bênçãos.

Nem mesmo o diabo pode quebrar os princípios criados e estabelecidos por Deus. Quando ele foi à presença de Deus questionar a fidelidade de Jó, ele não pôde fazer nada sem que antes Deus permitisse ser feito. A própria natureza não age fora dos princípios que Deus a criou.

Minha própria mão lançou os alicerces da terra, e a minha mão direita estendeu os céus; quando eu os convoco, todos juntos se põem em pé. Is 48.13

O próprio Deus está preso à sua Palavra, e Ele de maneira alguma agirá contra ela.

Assim também ocorre com a palavra que sai da minha boca: ela não voltará para mim vazia, mas fará o que desejo e atingirá o propósito para o qual a enviei. Is 55.11 NVI

Deus não é homem para que minta, nem filho de homem para que se arrependa. Acaso ele fala, e deixa de agir? Acaso promete, e deixa de cumprir? Nm 23.19 NVI

A relva murcha e cai a sua flor, quando o vento do SENHOR sopra sobre eles; o povo não passa de relva. A relva murcha, e as flores caem, mas a palavra de nosso Deus permanece para sempre. Is 40.7-8 NVI

O propósito é de Deus e não nosso

Propósito é a intenção com que se cria um objeto, por exemplo: você jamais conseguirá fazer um relógio realizar a função de um computador, o propósito para que estes foram criados é completamente oposto um do outro.

Cada pessoa neste mundo existe por um propósito. Ninguém existe apenas com o objetivo de mediocremente realizar somente a si mesmo, porém existe algo maior, e a isso denomina-se propósito. Para falar de propósito a primeira coisa necessária é entender a mente de Deus; se quiser compreender a palavra propósito com a limitação da sua mente, nunca se alcançará a dimensão dessa palavra. Deus não trabalha com passado, presente e futuro. Deus trabalha com a palavra eternidade, Deus vê o que você é antes de você ser. Todas as suas ações são para transformá-lo no que Ele sabe que você é. Deus viu José governando o Egito quando ele ainda nem havia deixado sua família. Quando Deus mostra a José o sonho, este era algo que Deus já havia traçado, ou seja, o caminho para ele chegar até aquela posição.

A mente de Deus

Pois os meus pensamentos não são os pensamentos de vocês, nem os seus caminhos são os meus caminhos, declara o SENHOR. Assim como os céus são mais altos do que a terra, também os meus caminhos são mais altos do que os seus caminhos, e os meus pensamentos, mais altos do que

os seus pensamentos. Assim como a chuva e a neve descem dos céus e não voltam para eles sem regarem a terra e fazerem-na brotar e florescer, para ela produzir semente para o semeador e pão para o que come, assim também ocorre com a palavra que sai da minha boca: ela não voltará para mim vazia, mas fará o que desejo e atingirá o propósito para o qual a enviei. Is 55. 8-11 NVI

O que Deus pensa quando fala de propósito para vida de uma pessoa? Por que devemos confiar no propósito de Deus? Só é possível entender a maneira de Deus pensar ao entender melhor Sua palavra. Sem um entendimento claro das escrituras, não se pode ter confiança nas ações de Deus. A Bíblia mostra um Deus que está completamente comprometido com a sua Palavra, de maneira que grande parte de sua forma de sentir, pensar e agir estão inseridas na Bíblia por meio de suas ações. O propósito de Deus dá certo até quando nossas escolhas dão errado.

Sabemos que Deus age em todas as coisas para o bem daqueles que o amam, dos que foram chamados de acordo com o seu propósito. Rm 8.28 NVI

O apóstolo Paulo nesta declaração afirma que tudo, absolutamente tudo, se transforma nas mãos de Deus em instrumento de seu propósito. A bíblia esta cheia de histórias, que tinham tudo para dar errado, porém, existe um Deus que pode e muda sentenças. Deus mudou a sentença sobre a vida de Moisés, ao contrário, ele teria morrido sem a ousadia de sua mãe e sua irmã. Deus, porém, o transforma em libertado do seu povo. Deus mudou a sentença na vida de José; uma vez que ele tinha tudo para crescer frustrado e com ódio de seus irmãos, Deus transformou José em provedor para sua família. Deus transformou a sentença sobre a vida de Davi. Por seus irmãos e seu pai, ele passaria o resto da vida como pastor de ovelhas, porém Deus o queria como rei da nação. Quantas vezes você planejou, e Deus no meio do caminho mudou os seus planos? Ele tem poder para mudar a rota da vida.

Em seu coração o homem planeja o seu caminho, mas o SENHOR determina os seus passos. Pv 16.9 NVI

Deus dirige o seu humano por meio de seu propósito, e Ele usa as circunstâncias da vida para fazer cada um chegar aonde Ele planejou.

Sei que podes fazer todas as coisas; nenhum dos teus planos pode ser frustrado. Jó 42.2 NVI

O propósito de Deus tem o seu tempo de maturação.

Para tudo há uma ocasião certa; há um tempo certo para cada propósito debaixo do céu. Ecl 3.1 NVI.

Tempo para Deus é algo muito sério. Jesus chega a declarar uma vez que o erro do ser humano é acreditar que todo o tempo é tempo.

Então Jesus lhes disse: Para mim ainda não chegou o tempo certo; para vocês qualquer tempo é certo. Jo 7.6 NVI

Jesus estava ministrando, e milagres estavam acontecendo, seus irmãos o confrontam sobre o porquê de Ele não mostrar seus milagres para mais pessoas, pois eles não entendiam que não era o tempo nem o local para que Jesus se mostrasse. José espera vinte anos para que a profecia de seus irmãos e seu pai se curvando diante dele se cumprisse. Tempo é a palavra-chave, pois o tempo muda as nossas estruturas. Tudo que acontece fora do tempo corre riscos. Quando uma criança nasce fora do tempo, os riscos de ela adoecer, por não ter ainda formado as defesas de seu pequeno organismo, são muito maiores. Tomar uma decisão de abrir uma empresa, começar um ministério, começar um relacionamento antes do tempo expõe você a riscos desnecessários. Tudo que começa sem sentido, termina sem propósito. Nada em Deus acontece por acontecer, existe por trás de cada ação divina uma intenção maior.

Lembrem-se disto, gravem-no na mente, acolham no íntimo, ó rebeldes. Lembrem-se das coisas passadas, das coisas muito antigas! Eu sou Deus, e não há nenhum outro; eu sou Deus, e não há nenhum como eu. Desde o início faço conhecido o fim, desde tempos remotos, o que ainda virá. Digo: Meu propósito permanecerá em pé, e farei tudo o que me agrada. Is 46.8-10 NVI

Deus está preparando o momento e a atmosfera mais adequada para fazer de você alguém para algo. Não duvide, não murmure, não desista. Você está sendo preparado para algo maior que os seus sonhos.

Entendendo a maneira de Deus pensar

É impossível pensar na possibilidade de entender a mente de Deus, sem um profundo olhar em seus atributos. São os atributos de Deus, que o qualificam a pensar de maneira completamente diferente dos seres humanos. Quero falar então de quatro atributos que permitem Deus sustente a palavra propósito. Teologicamente falando, atributos são qualidades que expressam a essência da natureza de uma divindade.

Quatro atributos de Deus a se tratar
Autoexistência, Onipotência, Onisciência e Onipresença

A maior parte dos cristãos não consegue alcançar a dimensão da palavra propósito, porque não se consegue entender a maneira de Deus pensar. A maior parte pensa que sem o esforço humano, "digo, esforço sem bênção, esforço lógico, esforço baseado no que sabemos e podemos não um esforço por fé no que Deus pode fazer". O propósito de Deus não acontece. Deus não quer nem o meu nem o seu esforço, como se essa fosse a única maneira de Deus completar a sua obra. Deus quer a obediência ao seu plano. Propósito é o plano divino para realizar o ser humano em todos os níveis. Quando se decide viver no propósito de Deus, Ele se responsabiliza por tudo. Basta que exista a decisão de obedecer. Para que a obediência tenha resultados, é preciso saber a quem e por que obedecer; por esse motivo, é preciso conhecer o que faz de Deus infalível em seus propósitos.

Autoexistência

Particularmente este é o atributo de Deus que mais me impressiona, pois mostra um Deus que está muito além das expectativas, dos conceitos e valores humanos. Deus existe antes da palavra tempo, ou seja, Deus existe desde sempre. Uma das mais profundas reflexões da minha vida foi quando comecei a pensar sobre o propósito da existência de Deus. Entendi, então, um dos mais profundos princípios da palavra propósito.

Deus não existe por causa da criação do universo, Deus existe para que você possa existir, e você existe, para que algo exista por se intermédio. Na teoria da evolução, as pessoas existem por existir ou por um acidente do universo.

Na criação não. Todos existem por um propósito de Deus. Da mesma maneira que a água existe para saciar a sede, e a comida para saciar a fome, você existe com o propósito de fazer algo existir por meio de você, portanto você existe para suprir a necessidade de alguém. Thomas Alva Edison existiu para trazer a lâmpada, Graham Bell, existiu para criar o telefone, Santos Dumont existiu para levar a experiência de voar. Você existe para fazer algo existir, então pessoas e nações esperam pelo propósito de sua existência. Deus não permitiu que você existisse para apenas olhar para o seu umbigo. Deus não criou a Terra por causa da Terra, Deus criou a Terra, para que eu e você pudéssemos existir, para que algo exista por meio de nós. Isso se chama propósito.

Pois assim diz o SENHOR, que criou os céus, ele é Deus; que moldou a terra e a fez, ele fundou-a; não a criou para estar vazia, mas a formou para ser habitada; ele diz: "Eu sou o Senhor, e não há nenhum outro. Is 45.18 NVI

Então disse Deus: Façamos o homem à nossa imagem, conforme a nossa semelhança. Domine ele sobre os peixes do mar, sobre as aves do céu, sobre os grandes animais de toda a terra e sobre todos os pequenos animais que se movem rente ao chão. Gn 1.26 NVI

Antes de existir todas as coisas, Deus planejava a minha e a sua história. O Senhor Deus deixa bem claro o motivo pelo qual Ele estava criando o homem: para governar e para dominar a

Terra. Deus queria deixar bem claro a marca de sua existência, Deus deixa bem claro que se Ele não existisse, o homem não existiria, e assim a Terra existiria sem um propósito. Davi, entendendo que ele existia por um propósito, declara.

Os teus olhos viram o meu embrião; todos os dias determinados para mim foram escritos no teu livro antes de qualquer deles existir. Como são preciosos para mim os teus pensamentos, ó Deus! Como é grande a soma deles! Sl 139.16-17 NVI

Davi deixa bem claro que Deus escreve sua história. Antes de Davi existir, Deus já sabia como ele se chamaria e o escolheu para ser rei de uma nação chamada Israel.

Agora, pois, diga ao meu servo Davi: Assim diz o SENHOR dos Exércitos: Eu o tirei das pastagens, onde você cuidava dos rebanhos, para ser o soberano de Israel, o meu povo. Sempre estive com você por onde você andou, e eliminei todos os seus inimigos. Agora eu o farei tão famoso quanto os homens mais importantes da terra. II Sm 7.7-8 NVI

Sua vida mudará de perspectiva se você se permitir olhar sua história, sem a palavra coincidência, e passar a ver sua história com propósito.

Lembrem-se disto, gravem-no na mente, acolham no íntimo, ó rebeldes. Lembrem-se das coisas passadas, das coisas muito antigas! Eu sou Deus, e não há nenhum outro; eu sou Deus, e não há nenhum como eu. Desde o início faço conhecido o fim, desde tempos remotos, o que ainda virá. Digo: Meu propósito permanecerá em pé, e farei tudo o que me agrada. Is 46.8-10 NVI

Muitos são os planos no coração do homem, mas o que prevalece é o propósito do Senhor. Pv 19.21 NVI

O tempo para Deus é algo pleno, pois ele age na linha da eternidade.

Deus que dá vida aos mortos e chama à existência coisas que não existem como se existissem. Rm 4.17(b) NVI

Deus não constrói, Deus cria. Na criação do universo, no original hebraico é usado a palavra bara que significa "Criar do nada". Cada passo da criação foi pleno, perfeito. Deus não cometeu erros nem fez testes, simplesmente Ele transformou o seu desejo em fatos pelo poder de Sua palavra. A palavra para Deus é o instrumento que molda, que forma, que constrói, e que dá vida ao tempo. O tempo não é inimigo de Deus, mas seu aliado na realização.

Onipotência

O que é onipotência? Por que Deus é onipotente? O que faz Deus ser o único a existir com esse atributo? A maior parte das pessoas, sejam cristãs ou não, faz a declaração de que Deus é poderoso! Declaram sem a dimensão de que essa sentença tem. Quando você afirma Deus é poderoso! Você está declarando que não existem forças acima do Deus que você adora que possam impedir ou limitar a Sua ação em sua vida. Ele desconhece adversário, sejam homens, anjos, demônios, governos, circunstâncias, seja o próprio Satanás. Deus desconhece adversário, e Ele nunca empatou nem perdeu para quem quer que seja, pois Deus é vencedor. Como um ser onipotente, Deus depende de si mesmo para que seu propósito aconteça.

Correndo atrás ou sendo seguido

Quando Deus fez a sua promessa a Abraão, por não haver ninguém superior por quem jurar, jurou por si mesmo, dizendo: Esteja certo de que o abençoarei e farei numerosos os seus descendentes. E foi assim que, depois de esperar pacientemente, Abraão alcançou a promessa. Os homens juram por alguém superior a si mesmo, e o juramento confirma o que foi dito pondo fim a toda discussão. Querendo mostrar de forma bem clara a natureza imutável do seu propósito para com os herdeiros da promessa, Deus o confirmou com juramento, para que, por meio de duas coisas imutáveis nas quais é impossível que Deus minta, sejamos firmemente encorajados, nós, que nos refugiamos nele para tomar posse da esperança a nós proposta. HB 6.13-18

Ainda antes que houvesse dia, eu sou; e ninguém há que possa fazer escapar das minhas mãos; operando eu, quem impedirá? Is 43.13 (Corrigida)

Deus não poderia sustentar a posição de todo poderoso, se ele não tivesse sido desafiado. É importante fazer a seguinte pergunta: Quantos dos desafiadores de Deus podem se gabar de alguma vitória? Para ser onipotente, Deus conta com atos de soberania, e assim só Deus tem total poder de intervir na história humana. É por esse motivo que Paulo, afirma o seguinte:

Todas as coisas contribuem para o bem dos que são chamados segundo o seu propósito. Rm 8.28

O livro de Ester é um dos livros bíblicos que mais mostram a soberania de Deus, apesar de Deus não ser em nenhum momento mencionado. Hamã era um homem que odiava o povo hebreu e não mediu esforços para exterminar a nação judia, porém ele não contava com a soberania divina. Ele escondeu tudo dos olhos do rei, privilegiou-se até da falta de atenção do rei para se autopromover, mas se esqueceu que de Deus não se esconde nada.

Os olhos do SENHOR estão em toda parte, observando atentamente os maus e os bons. Pv 15.3 NVI

Esta história leva à seguinte reflexão: Muitas vezes, se é enganado ou passado para trás, porém, não se esqueça, Deus é soberano, Ele a qualquer momento pode mudar a sentença e planos, sejam de homens ou de demônios sobre sua vida, porque a última palavra na vida de um filho de Deus não pertence a ninguém senão ao próprio Senhor.

Mardoqueu descobriu a trama contra o rei, não Hamã. Hamã foi honrado de maneira indevida, roubando o direito de Mardoqueu. Hamã indignado com Mardoqueu por ele não reconhecê-lo, cria uma trama para destruir Mardoqueu e sua nação. Quando ele pensou que tudo sairia como havia planejado, a mão de Deus se manifestou.

Deus reverteu uma situação de caos da noite para o dia. Mardoqueu foi reconhecido e honrado pelas mãos daquele que queria destruí-lo. Eu chamo isso de um ato soberano de um Deus onipotente.

Naquela noite o rei não conseguiu dormir; por isso ordenou que trouxessem o livro das crônicas do seu reinado, e que o lessem para ele. E foi lido o registro de que Mardoqueu tinha denunciado Bigtã e Teres, dois dos oficiais do rei que guardavam a entrada do Palácio e que haviam conspirado para assassinar o rei Xerxes. "Que honra e reconhecimento Mardoqueu recebeu por isso?", perguntou o rei. Seus oficiais responderam: "Nada lhe foi feito". O rei perguntou: "Quem está no pátio?" Ora,

Correndo atrás ou sendo seguido

Hamã havia acabado de entrar no pátio externo do palácio para pedir ao rei o enforcamento de Mardoqueu na forca que ele lhe havia preparado. Os oficiais do rei responderam: "É Hamã que está no pátio". "Façam-no entrar", ordenou o rei. Entrando Hamã, o rei lhe perguntou: "O que se deve fazer ao homem que o rei tem o prazer de honrar?" E Hamã pensou consigo: "A quem o rei teria prazer de honrar, senão a mim?" Por isso respondeu ao rei: "Ao homem que o rei tem prazer de honrar, ordena que tragam um manto do próprio rei e um cavalo que o rei montou, e que ele leve o brasão do rei na cabeça. Em seguida, sejam o manto e o cavalo confiados a alguns dos príncipes mais nobres do rei, e ponham eles o manto sobre o homem que o rei deseja honrar e o conduzam sobre o cavalo pelas ruas da cidade, proclamando diante dele: 'Isto é o que se faz ao homem que o rei tem o prazer de honrar!'" O rei ordenou então a Hamã: "Vá depressa apanhar o manto e o cavalo, e faça ao judeu Mardoqueu o que você sugeriu. Ele está sentado junto à porta do palácio real. Não omita nada do que você recomendou". Então Hamã apanhou o cavalo, vestiu Mardoqueu com o manto e o conduziu sobre o cavalo pelas ruas da cidade, proclamando à frente dele: "Isto é o que se faz ao homem que o rei tem o prazer de honrar!"

Como filhos de Deus não se pode esquecer que quem planeja se responsabiliza pelos riscos. O propósito é de Deus, e Ele não permitirá que nenhuma pessoa ou circunstância se coloque no caminho do seu propósito em sua vida.

Ele é poderoso para, ainda que haja obstáculo, completar a obra que começou porque Deus não faz nada pela metade.

Estou convencido de que aquele que começou boa obra em vocês, vai completá-la até o dia de Cristo Jesus. **Fp 1.6 NVI**

Bem sei eu que tudo podes, e que nenhum dos teus propósitos pode ser impedido. Jó 42.2 (Revisada)

Onisciência e Onipresença

A ideia de onipresença não é a ideia de que Deus está em todo o lugar ao mesmo tempo, pois essa ideia leva a acreditar que Deus precisa se movimentar em uma grande velocidade, que o permita estar em todo o lugar ao mesmo tempo. Quando se fala de onipresença, fala-se da capacidade de Deus preencher tudo e todo o lugar, de tal maneira que Ele se torna onipresente. Os atributos de onipresença e onisciência se completam, pois não há lugar em que Deus não esteja e que Ele também não conheça tudo a respeito. Davi mostra como Deus conhecia tanto da sua história e conhecia tão bem quem ele era.

SENHOR, tu me sondas e me conheces. Sabes quando me sento e quando me levanto; de longe percebes os meus pensamentos."Sabes muito bem quando trabalho e quando descanso; todos os meus caminhos são bem conhecidos por ti. Antes mesmo que a palavra me chegue à língua, tu já a conheces inteiramente, SENHOR. Tu me cercas, por trás e pela frente, e pões a tua mão sobre mim. "Tal conhecimento é maravilhoso demais e está além do meu alcance; é tão elevado que não o posso atingir. Para onde poderia eu escapar do teu Espírito? Para onde poderia fugir da tua presença? Se eu subir aos céus, lá estás; se eu fizer a minha cama na sepultura, também lá estás. Se eu subir com as asas da alvorada e morar na extremidade do mar, mesmo ali a tua mão direita me guiará e me susterá. Mesmo que eu diga que as trevas me encobrirão, e que a luz se tornará noite ao meu redor, verei que nem as trevas são escuras para ti. A noite brilhará como o dia, pois para ti as trevas são luz. Tu criaste o íntimo do meu ser e me teceste no ventre de minha mãe. Eu te louvo porque me fizeste de modo especial e admirável. Tuas obras são maravilhosas! Digo isso com convicção. Meus ossos não estavam escondidos de ti quando em secreto fui formado e entretecido como nas profundezas da terra: Os teus olhos viram o meu embrião; todos os dias determinados para mim foram escritos no teu livro antes de qualquer deles existir. Como são preciosos para mim os teus pensamentos, ó Deus! Como é grande a soma deles! Sl 139.1-17. NVI

A soberania de Deus é demonstrada na manifestação de seus atributos. Não há nada que Deus não saiba e não conheça. Deus de antemão conhece os caminhos das escolhas com e sem Ele. É por esse motivo que Ele coloca o caminho da obediência, e ao segui-lo o próprio Deus se responsabilizará em conduzir cada um por um caminho de vitória.

Por que as bênçãos são liberadas?

Bênçãos não acontecem pelo esforço humano

> *Se vocês obedecerem fielmente ao SENHOR, o seu Deus, e seguirem cuidadosamente todos os seus mandamentos que hoje lhes dou, o SENHOR, o seu Deus, os colocará muito acima de todas as nações da terra.* Dt 28.1 NVI

Definindo as palavras - lei, a torah; testemunhos, os princípios gerais de ação; preceitos piqqudim, regras particulares de conduta; estatutos *huqqim*, regulamentações sociais; mandamentos *mishvah*, princípios religiosos; ordenanças *mishpatim*, os retos julgamentos que deveriam operar nas relações humanas.

A bênção é liberada como uma recompensa a uma ação em Deus. Deus recompensou a ação de Abrão, transformando-o em Abraão. Só existe uma maneira de agir em Deus: obediência a sua vontade e direção para sua vida. Deus se coloca em uma posição muito delicada no texto acima, e em outras palavras declara o seguinte: se vocês me obedecerem e eu não honrar vocês, eu não posso ser adorado como Deus.

Ele está desafiando para que todos O obedeçam e vejam o que Ele pode fazer na vida de cada um! Obedeçam à Palavra, e vejam os resultados sobre a vida de vocês em todos os sentidos!

Bênção é consequência de obediência. A obediência precisa ser celebrada, precisa ser lembrada como um princípio decisivo para que Deus opere e para que ele manifeste a sua glória. Não existe obediência pela metade, pois obedecer pela metade também é rebeldia.

Quando uma pessoa declara que obedeceu a Deus e não viu resultado algum, é como se Ele dissesse que Deus recompensa a desobediência, e isso é absurdamente tolo. Todas as vezes que a nação de Israel servia a Deus com temor e obediência em seus corações, a história daquela nação era marcada com sinais e maravilhas da parte de Deus, recompensando a obediência deles, porém, todas as vezes que o coração deles se endurecia, Deus trazia juízos duros sobre a nação, os céus se fechavam, não chovia, os animais adoeciam, os inimigos, que sempre eram derrotados, castigavam a nação com guerras duríssimas. Da mesma maneira que a obediência desencadeia sobre a vida de cada um ciclo de bênçãos, a rebeldia libera a maldição.

Entretanto, se vocês não obedecerem ao SENHOR, o seu Deus, e não seguirem cuidadosamente todos os seus mandamentos e decretos que hoje lhes dou, todas estas maldições cairão sobre vocês e os atingirão. Dt 28.15 NVI

Em todos os momentos que Deus permitiu que o seu povo fosse alcançado pelas calamidades, não foi com o propósito de destruir o seu povo, e sim com o propósito de trazê-los de volta para o caminho da obediência. Na meditação do salmista, no salmo 119.71 ele declara:

Foi-me bom ter sido afligido, para que aprendesse os teus estatutos.

O salmista reconhece que se Deus não permitisse vir sobre ele a adversidade, ele não teria se voltado para Deus, para aprender os seus estatutos. Infelizmente, existem momentos que a única maneira de Deus ter a nossa atenção só para ele é por meio dos problemas; digo isso por experiência própria. Deus me parou para que eu pudesse ouvir e entender o que Ele tinha a me dizer.

Entendi que os problemas não são o fim, mas representam o recomeço de uma vida com Deus. Deus tem prazer na obediência. Ele está disposto a recompensar cada ato de obediência a seus princípios, porque para Deus, obedecer é melhor que sacrificar.

Samuel, porém, respondeu: "Acaso tem o SENHOR tanto prazer em holocaustos e em sacrifícios quanto em que se obedeça à sua palavra? A obediência é melhor do que o sacrifício, e a submissão é melhor do que a gordura de carneiros. Pois a rebeldia é como o pecado da feitiçaria, e a arrogância como o mal da idolatria. Assim como você rejeitou a palavra do SENHOR, ele o rejeitou como rei. I Sm 15.22-23 NVI

Se vocês obedecerem aos meus mandamentos, permanecerão no meu amor, assim como tenho obedecido aos mandamentos de meu Pai e em seu amor permaneço. Tenho lhes dito estas palavras para que a minha alegria esteja em vocês e a alegria de vocês seja completa. O meu mandamento é este: Amem-se uns aos outros como eu os amei. Ninguém tem maior amor do que aquele que dá a sua vida pelos seus amigos. Vocês serão meus amigos, se fizerem o que eu lhes ordeno. Já não os chamo servos, porque o servo não sabe o que o seu senhor faz. Em vez disso, eu os tenho chamado amigos, porque tudo o que ouvi de meu Pai eu lhes tornei conhecido. Jo 15.10-15 NVI

Sua vida pode mudar se você decidir obedecer aos princípios de Deus para a sua vida. A obediência coloca você em outro nível diante de Deus. A cada passo de obediência em direção a Deus sua vida será marcada por vitórias, eu o desafio a viver está experiência.

É muito importante que todo o pai reconheça e recompense a obediência do seu filho, pois isso vai mostrar às crianças o que Deus mostra quando se decide obedecê-LO.

Obediência abre portas, cria novos caminhos, libera bênçãos. Eu nunca vou me esquecer de um princípio que minha mãe usava comigo, quando eu queria, por exemplo, uma roupa ou um tênis novo. Ela dizia: "Tire boas notas e eu dou o que você quer." Minha mãe sempre premiava a minha obediência de alguma forma. Eu cresci em um bairro muito pobre em Duque de Caxias, e a maior parte dos meus amigos se envolveu com drogas. Constantemente eles me ofereciam drogas, porém eu não queria fazer a minha mãe sofrer, e eu sabia que ela não premiaria a minha decisão. Lembro-me da primeira vez que cheguei bêbado em casa. Era um domingo umas três e meia da manhã. Quando ela me viu naquele estado, não ergueu a voz, nem me confrontou, apenas trocou de roupa e foi para o trabalho, sem me dizer nada. Ela trabalhava em casa de família, e ela só teria que voltar ao trabalho na segunda-feira. Aquela ação me matou por dentro, então nunca mais eu cheguei bêbado em casa. Ela me mostrou que da mesma maneira que ela premiava a minha obediência, ela também punia a minha rebeldia.

Não se deixem enganar: de Deus não se zomba. Pois o que o homem semear, isso também colherá. Gl 6.7 NVI

Se vocês permanecerem em mim, e as minhas palavras permanecerem em vocês, pedirão o que quiserem, e lhes será concedido. Jo 15.7

Bênçãos é a consequência do exercício da Palavra de Deus

Todas estas bênçãos virão sobre vocês e os acompanharão, se vocês obedecerem ao SENHOR, o seu Deus. Dt 28.2 NVI

Ninguém se torna um exímio praticante da Palavra de Deus da noite para o dia. Até que as escrituras façam parte da nossa maneira de pensar, falar, sentir, ver, agir e reagir, a ponto de não se tomar nenhuma decisão que se choque com as escrituras. Esse processo leva tempo. Ninguém se torna bom em algo que não pratica; é o exercício constante que leva à perfeição. O próprio Deus estimula Josué a exercitar a sua palavra como fundamentos para uma vida bem-sucedida.

Não deixe de falar as palavras deste Livro da Lei e de meditar nelas de dia e de noite, para que você cumpra fielmente tudo o que nele está escrito. Só então os seus caminhos prosperarão e você será bem-sucedido. Js 1.8 NVI

É a falta de conhecimento de Deus e de seus princípios que tem feito que as pessoas entrem em rota de colisão com a vontade de Deus para suas vidas. Deus não leva em conta o tempo da ignorância, com certeza, porém, Deus não pode abrir mão de seus princípios por causa da ignorância, uma vez que Ele não furtou o direito a ninguém de conhecê-lo por meio de Sua palavra.

Se vocês obedecerem ao SENHOR, o seu Deus, e guardarem os seus mandamentos e decretos que estão escritos neste Livro da Lei, e se vocês se voltarem para o SENHOR, o seu Deus, de todo o coração e de toda a alma. O que hoje lhes estou ordenando não é difícil fazer, nem está além

do seu alcance. Não está lá em cima no céu, de modo que vocês tenham que perguntar: Quem subirá ao céu para trazê-lo e proclamá-lo a nós a fim de que lhe obedeçamos? Nem está além do mar, de modo que vocês tenham que perguntar: Quem atravessará o mar para trazê-lo e, voltando, proclamá-lo a nós a fim de que lhe obedeçamos? Nada disso! A palavra está bem próxima de vocês; está em sua boca e em seu coração; por isso vocês poderão obedecer-lhe. Dt 30.10-14 NVI

Em Oseias 4.6(a), Deus fala pela boca do profeta e declara: *"Meu povo foi destruído por falta de conhecimento"*. Há muito tempo, ouvi uma ilustração em uma mensagem ministrada por um pastor, que dizia o seguinte:

Certa mulher viúva, sem filhos, vivia sozinha em sua casa e era muito religiosa.

Certa vez, voltando da Igreja, percebeu que sua casa foi arrombada, quando abriu a porta, para sua surpresa, os bandidos haviam levado tudo de dentro da casa, e o que não conseguiram levar quebraram.

Imediatamente ligou para o pastor que foi de imediato a sua casa. Quando o pastor chegou a sua casa, vendo toda a cena, compadeceu-se da mulher, ministrou uma palavra de motivação e fé e fez uma pergunta um tanto imprópria para o momento:

— A irmã lê a Bíblia?

Ela de imediato respondeu:

— Sim, pastor.

Ele então lhe disse:

— Vamos orar, a irmã vai ler a Bíblia e na próxima semana eu volto a sua casa. Estamos combinados?

Ela respondeu de imediato:

— Sim, pastor.

O pastor então orou e foi para casa.

Na semana seguinte o pastor retornou a casa daquela irmã, e sua situação era a mesma; tudo destruído. A primeira pergunta que ele fez foi a seguinte:

— A irmã leu a Bíblia?

E ela respondeu:

— Sim, pastor. Li a Bíblia inteirinha está semana.

Ele perguntou:

— Encontrou a solução para os seus problemas?

Ela respondeu

— Não pastor, não encontrei.

Ele então disse a ela que iria orar mais uma vez e ela iria ler a Bíblia, pois lá estava a solução para os seus problemas, ele orou e foi embora.

A irmãzinha estranhou a atitude do pastor, mas não questionou seu ensinamento.

Na semana seguinte, o pastor retorna a casa da irmã, e novamente a primeira pergunta que ele faz é a seguinte:

— A irmã leu a Bíblia?

Ela novamente lhe responde sem piscar:

— Sim, pastor. Li a Bíblia inteirinha.

Ele então tomando a palavra diz para a irmã:

— Querida irmã, a senhora é uma grande mentirosa!

A irmã se assusta e chocada não responde nada. O pastor então continua:

— Se a senhora tivesse tido a boa vontade de abrir a Bíblia, perceberia que lá eu coloquei um cheque, e esse cheque supriria todas as suas necessidades neste momento.

A Bíblia é o livro mais vendido no mundo, porém, o menos lido, e principalmente o menos aplicado como estilo de vida. Existem dois grupos de analfabetos no mundo: os que não sabem ler, e os que não entendem o que leem. A falta de tempo para ler a Bíblia tem feito às pessoas errarem mais. Davi faz questão de mostrar que a leitura e meditação na palavra de Deus era um hábito constante em sua vida.

Como é feliz aquele que não segue o conselho dos ímpios, não imita a conduta dos pecadores, nem se assenta na roda dos zombadores! Ao contrário, sua satisfação está na lei do SENHOR, e nessa lei medita dia e noite. É como árvore plantada à beira de águas correntes: Dá fruto no tempo certo e suas folhas não murcham. Tudo o que ele faz prospera! Não é o caso dos ímpios! São como palha que o vento leva. Por isso os ímpios não resistirão no julgamento, nem os pecadores na comunidade dos justos. Pois o SENHOR aprova o caminho dos justos, mas o caminho dos ímpios leva à destruição! Sl 1.1-6 NVI

Quando você acreditar que deve exercitar os princípios bíblicos, a ponto de fazê-los parte de suas decisões, e suas ações, então você vai experimentar um novo nível de experiências com Deus em sua vida. Ele vai potencializar suas ações, quando você aplicar em sua vida o princípio de obediência, e você vai atrair o que você respeita.

Observe alguns motivos pelos quais você deve exercitar a Bíblia em seu dia a dia.

- A Palavra de Deus traz luz sobre as decisões. Sl 119.105
- A Palavra de Deus ajuda a viver um estilo de vida puro. Sl 119.9

- A Palavra de Deus fortalece em momentos de tribulação. Mt 7.24-27
- A Palavra de Deus ajuda você a não pecar contra Deus. Sl 119.11
- A Palavra de Deus é a única capaz de examinar o homem e revelar seus pensamentos. Hb 4.12
- A Palavra de Deus não volta vazia em realizações. Is 55.11
- A Palavra de Deus está comprometida com o propósito de Deus. Is 40.7-8.
- A Palavra de Deus está sustentada em seu caráter. Nm 23.19/Hb 6.18

Você só experimentará da Palavra de Deus aquilo a que você obedecer. Você só obedecerá à Palavra de Deus aquilo que conhecer. Você só conhecerá da Palavra de Deus, o que você ler e exercitar.

Bênçãos é a consequência de fazer a vontade de Deus

Portanto, irmãos, rogo-lhes pelas misericórdias de Deus que se ofereçam em sacrifício vivo, santo e agradável a Deus; este é o culto racional de vocês. Não se amoldem ao padrão deste mundo, mas transformem-se pela renovação da sua mente, para que sejam capazes de experimentar e comprovar a boa, agradável e perfeita vontade de Deus. Rm 12.2

Alguns dias atrás, eu estava assistindo à televisão, e como sempre, trocando de canal na hora do comercial. Nesse momento vi uma programação e percebi que era cristã. Parei naquele canal para ver o que estava sendo ensinado, quando uma determinada pessoa declara o seguinte: na dispensação em que se vive, Deus não opera abençoando as pessoas financeiramente, porque na dispensação que em que se vive as bênçãos são espirituais.

Bom, então Jesus não sabia disso quando ele disse:

Busquem, pois, em primeiro lugar o Reino de Deus e a sua justiça, e todas essas coisas lhes serão acrescentadas. Mt 6.33

Do que Jesus estava falando naquele momento? Não era exatamente da conquista do dinheiro, da roupa, da comida, da casa própria, das conquistas pessoais? Ele estava questionando como as pessoas agiam para buscar essas coisas, porque na busca de todas essas coisas, eles se esqueciam do Deus que pode abrir portas e pode criar caminhos para que o ser humano conquiste sem perder a relação íntima e pessoal com Deus.

Em nenhum momento eu estou passando a ideia que você não deve se preocupar com essas coisas, ou que não são importantes, porém o que estou colocando é se Deus recompensa a obediência, se a obediência aos princípios que Deus criou e estabeleceu traz consequências de sucesso, por que não experimentá-los?

Veja o que o apóstolo Paulo está declarando. Ele está dizendo que o mundo já tem uma concepção de estilo de vida, o que o apóstolo Paulo está propondo é agir na contramão do que pensa o mundo. O mundo pensa: quanto mais trabalho mais tenho sucesso. Em Deus, deve-se pensar da seguinte maneira; quanto mais eu faço a vontade de Deus e aplico seus princípios em minha vida, mais sucesso eu tenho.

Sucesso em Deus passa pelo critério de uma vida consagrada, é o que se vê na vida de cada grande homem da Bíblia. Suas vidas se definem antes e depois de se consagrarem a Deus. Paulo está encorajando cada um a apresentar a vida a Deus de forma consagrada, e isso fará experimentar a boa, agradável e perfeita vontade de Deus. A vontade de Deus para a vida de todos está revelada na declaração de Jesus em João 10.10b:

Eu vim para que tenham vida, e a tenham plenamente.

É impossível inserir na palavra abundante, ou plena, a palavra necessidade, estagnação, medo, escassez, dor, falta. A palavra abundante é definida da seguinte maneira: ter tudo o que é necessário, e ter aquilo que também é supérfluo. Jesus nunca prometeu somente bênçãos espirituais aos que o seguissem, ele também prometeu muitas bênçãos materiais ainda nesta vida.

Respondeu Jesus: Digo-lhes a verdade: Ninguém que tenha deixado casa, mulher, irmãos, pai ou filhos por causa do Reino de Deus deixará de receber, na presente era, muitas vezes mais, e, na era futura, a vida eterna. Lc 18.29-30 NVI

É muito comum as pessoas primeiramente decidirem e depois perguntarem para Deus qual é a sua vontade (eu fiz muito isso). Você informa Deus ou busca a direção dele sobre um assunto? Fazer a vontade de Deus na vida familiar, financeira, espiritual e emocional é fundamental para se experimentar a bênção de Deus.

Você está buscando a vontade de Deus para a sua família? Você está buscando a vontade de Deus para a sua vida financeira? Você está buscando a vontade de Deus para sua vida espiritual? Veja o que a bíblia diz:

Correndo atrás ou sendo seguido

Peçam, e lhes será dado; busquem, e encontrarão; batam, e a porta lhes será aberta. Pois todo o que pede, recebe; o que busca, encontra; e àquele que bate, a porta será aberta. Mt 7.7-8 NVI

Sem fé é impossível agradar a Deus, pois quem dele se aproxima precisa crer que ele existe e que recompensa aqueles que o buscam. Hb 11.6 NVI

Eu acredito que, neste mundo, não se deveria viver segundo os valores individualista e materialista, nem segundo as regras mundanas, mas segundo os princípios de Deus. Eu creio que se Deus não participar da vida constantemente todos crerão que quando algo acontece é porque todos são os inventores da roda, e então, não se acreditará que as conquistas feitas na presença de Deus são muito mais sólidas e duradouras. Salomão, o homem mais sábio e rico de toda a história da Bíblia, apresenta em um de seus provérbios uma máxima de vida que define o que estou colocando.

A bênção do SENHOR traz riqueza, e não inclui dor alguma. Pv 10.22 NVI

O plano de Deus para a vida é bênção sem qualquer tipo de dor ou sofrimento associado a isso. São as decisões que levam ao sofrimento, não o propósito de Deus. O maior prazer de Deus é quando se vive em crescimento e prosperidade. A vida cristã não pode ser associada a uma vida de dor e sofrimento, como parte do plano de Deus, o propósito de Deus nunca incluiu a palavra sofrimento. Veja bem: problemas e lutas fazem parte da vida de qualquer um, sofrimento é uma palavra específica, que acontece quando há desajuste.

À mulher, ele declarou: Multiplicarei grandemente o seu sofrimento na gravidez; com sofrimento você dará à luz filhos. Seu desejo será para o seu marido, e ele a dominará". E ao homem declarou: "Visto que você deu ouvidos à sua mulher e comeu do fruto da árvore da qual eu lhe ordenara que não comesse, maldita é a terra por sua causa; com sofrimento você se alimentará dela todos os dias da sua vida. Ela lhe dará espinhos e ervas daninhas, e você terá que alimentar-se das plantas do campo. Com o suor do seu rosto você comerá o seu pão, até que volte à terra, visto que dela foi tirado; porque você é pó, e ao pó voltará. Gn 3.16-19 NVI

Observe comigo que as palavras maldição e sofrimento não faziam parte do plano de Deus para o homem, mas surgem a partir do momento que o homem saiu do propósito de Deus para a sua vida, ou seja, quando você decide viver fazendo a vontade de Deus, Ele o livra do sofrimento, e quando você decide viver fora do propósito de Deus, Ele permite a você arcar com as consequências. Como afirma o salmista:

Se não for o SENHOR o construtor da casa, será inútil trabalhar na construção. Se não é o SENHOR que vigia a cidade, será inútil a sentinela montar guarda. Será inútil levantar cedo e dormir tarde, trabalhando arduamente por alimento. O SENHOR concede o sono àqueles a quem ele ama. Sl 127.1-3 NVI

Bênção é a consequência de posicionamento espiritual

Bendito seja o Deus e Pai de nosso Senhor Jesus Cristo, que nos abençoou com todas as bênçãos espirituais nas regiões celestiais em Cristo. Peço que o Deus de nosso Senhor Jesus Cristo, o glorioso Pai, lhes dê espírito de sabedoria e de revelação, no pleno conhecimento dele. Oro também para que os olhos do coração de vocês sejam iluminados, a fim de que vocês conheçam a esperança para a qual ele os chamou, as riquezas da gloriosa herança dele nos santos. Ef 1.3,17-1. NVI

Muitas vezes, busca-se coisas de Deus que não se está em posição de receber, embora se tenha direito, e Deus até tenha interesse em dar. No entanto, falta posicionamento para receber. Deus tinha um propósito na vida de José como governador, mas não poderia deixá-lo assumir tal responsabilidade aos dezessete anos, porque ele não tinha tarimba para tal. Você não daria um carro nas mãos de uma criança com cinco anos de idade, porque ela não está pronta, não que um dia ela não terá um carro, mas cinco anos não é a idade para dirigir. Há muita coisa que Deus quer fazer você experimentar, mas infelizmente muitas pessoas ainda são muito imaturas para receber o que Deus tem para eles. O apóstolo Paulo certa vez questiona a Igreja de Corinto porque eles tinham aparência, mas não tinham atitudes de pessoas maduras. Isso impedia Paulo de tratar muitas coisas com eles.

Irmãos, não lhes pude falar como a espirituais, mas como a carnais, como a crianças em Cristo. Dei-lhes leite, e não alimento sólido, pois vocês não estavam em condições de recebê-lo. De fato, vocês ainda não estão em condições. I Cor 3.1-2 NVI

A maturidade ou a falta dela abre ou fecha portas de Deus para a vida. O que a maioria das pessoas hoje reclama poderia ser mudado simplesmente por meio de um posicionamento em sua vida. Dívidas poderiam ser rapidamente pagas se existisse o posicionamento de não comprar nada enquanto as dívidas velhas existirem.

Alguns quilinhos poderiam ser perdidos, se existisse o posicionamento de fechar a boca, e não comer como se fosse morrer em cinco minutos. Tudo em sua vida é uma questão de posicionamento. É impossível querer conhecer mais de Deus, se você não sai da frente da televisão, assim como é impossível querer conhecer mais da Bíblia, sem abri-la, e lê-la. Davi, quando passa um dos períodos mais críticos de sua história, por conta da perseguição que Saul faz contra ele, entende que precisava se posicionar para ter uma direção de Deus para sua vida.

Davi fugiu da cidade de Gate e foi para a caverna de Adulão. Quando seus irmãos e a família de seu pai souberam disso, foram até lá para encontrá-lo. Também juntaram-se a ele todos os que estavam em dificuldades, os endividados e os descontentes; e ele se tornou o líder deles. Havia cerca de quatrocentos homens com ele. De lá Davi foi para Mispá, em Moabe, e disse ao rei de Moabe: "Posso deixar meu pai e minha mãe virem para cá e ficarem contigo até que eu saiba o que Deus fará comigo"?
I Sm 22.1-3 NVI

Jesus não conseguiria enfrentar os momentos de tensão e batalha espiritual que se desenvolveu em sua vida se ele não tivesse se posicionado em oração. Foram os momentos em que Jesus passou em oração que o fortaleceram para passar pela vergonha, pelas cusparadas, pelos socos, pela surra, pela traição e pela morte no calvário.

Indo um pouco mais adiante, prostrou-se com o rosto em terra e orou: "Meu Pai, se for possível, afasta de mim este cálice; contudo, não seja como eu quero, mas sim como tu queres". Depois, voltou aos seus discípulos e os encontrou dormindo. "Vocês não puderam vigiar comigo nem por uma hora?", perguntou ele a Pedro. "Vigiem e orem para que não caiam em tentação. O espírito está pronto, mas a carne é fraca." E retirou-se outra vez para orar: "Meu Pai, se não for possível afastar de mim este cálice sem que eu o beba, faça-se a tua vontade". Quando voltou, de novo os encontrou dormindo, porque seus olhos estavam pesados. Então os deixou novamente e orou pela terceira vez, dizendo as mesmas palavras. Depois voltou aos discípulos e lhes disse: "Vocês ainda dormem e descansam? Chegou a hora! Eis que o Filho do homem está sendo entregue nas mãos de pecadores." Mt 26.39-45 NVI

Sem posicionamento é impossível alcançar vitórias. Toda grande conquista, assim como toda a grande luta, exige um posicionamento de vida, seja na área espiritual, emocional, financeira, familiar ou conjugal. Posicionamento é o que muda o resultado final. Você pode até começar em desvantagem, mas a atitude de se posicionar vira o jogo. Posicionamento é uma atitude em direção a algo que você quer mudar. Quando você se posiciona, você ratifica quais são as suas expectativas, em que você crê e o que você espera de Deus.

Portanto, submetam-se a Deus. Resistam ao Diabo, e ele fugirá de vocês. Tg 4.7 NVI

É muito importante entender um princípio; todo posicionamento começa com uma postura em Deus, seja em qualquer área. Primeiro você se submete a Deus, e depois, você enfrenta os desafios, não da sua maneira, mas da maneira que Deus tratar em seu coração.

Finalmente, fortaleçam-se no Senhor e no seu forte poder. Vistam toda a armadura de Deus, para poderem ficar firmes contra as ciladas do Diabo, pois a nossa luta não é contra seres humanos, mas contra os poderes e autoridades, contra os dominadores deste mundo de trevas, contra as forças espirituais do mal nas regiões celestiais. Por isso, vistam toda a armadura de Deus, para que possam resistir no dia mau e permanecer inabaláveis, depois de terem feito tudo. Assim, mantenham-se firmes, cingindo-se com o cinto da verdade, vestindo a couraça da justiça e tendo os pés calçados com a prontidão do evangelho da paz. Além disso, usem o escudo da fé, com o qual vocês poderão apagar todas as setas inflamadas do Maligno. Usem o capacete da salvação e a espada do Espírito, que é a palavra de Deus. Orem no Espírito em todas as ocasiões, com toda oração e súplica; tendo isso em mente, estejam atentos e perseverem na oração por todos os santos. Ef 6.10-18 NVI

O apóstolo Paulo instruiu a Igreja de Éfeso a uma série de posicionamentos que eles deveriam tomar, pois havia uma batalha espiritual que não deveria ser enfrentada somente por algumas pessoas, portanto ele convoca mulheres, maridos, filhos, pais, servos, senhores, cristãos, todos para se posicionarem em Deus. Ele traça uma lista de ações que deveriam ser tomadas.

Fortaleçam-se no Senhor.

Vistam a armadura de Deus.

Mantenham-se firmes.

Orem no Espírito.

Perseverem em oração.

O princípio da física adverte que: Toda ação, provoca uma reação, igual ou maior aquela que foi originada. Quando você se posiciona, você provoca uma reação no mundo espiritual, porém, quando você não se posiciona, você não provoca reação nenhuma.

Em vez de ficar reclamando e não fazer nada, por que você não assume um posicionamento para que Deus mude o final dessa história? Se a mulher do fluxo de sangue não tivesse tomado a decisão de tocar nas vestes de Jesus, ela teria morrido com aquele problema.

E estava ali certa mulher que havia doze anos vinha sofrendo de hemorragia. Ela padecera muito sob o cuidado de vários médicos e gastara tudo o que tinha, mas, em vez de melhorar, piorava. Quando ouviu falar de Jesus, chegou por trás dele, no meio da multidão, e tocou em seu manto, porque pensava: "Se eu tão-somente tocar em seu manto, ficarei curada". Imediatamente cessou sua hemorragia e ela sentiu em seu corpo que estava livre do seu sofrimento. Mc 5.25-29 NVI

Posicionamento emprega uma ação em Deus, para gerar um resultado que só ele pode operar. Eu não sei qual o posicionamento que você precisa tomar, mas não espere que as coisas piorem, para tomar um posicionamento em Deus.

Posicionamento de perdão, posicionamento de oração, posicionamento financeiro, posicionamento emocional, posicionamento afetivo, posicionamento no que fala e como fala, enfim sua bênção pode estar mais perto que você imagina, esperando apenas um posicionamento de sua parte em direção a Deus.

Bênçãos acontecem independentemente das circunstâncias

Quando se espera de Deus uma bênção, não se pode permitir que as influências circunstanciais, como medo, ansiedade e frustração, diminuam a fé no poder de Deus. Deus, em todas as suas ações, nunca dependeu das circunstâncias para abençoar mais ou menos uma pessoa. Deus depende de si mesmo para operar milagres, e nada pode mudar isso. Um dos textos mais fantásticos sobre esse tipo de ação de Deus, está na profecia de Eliseu em II Reis 3.16-23 NVI.

Por que as bênçãos são liberadas?

> *E ele disse: Assim diz o SENHOR:* "*Cavem muitas cisternas neste vale.*" *Pois assim diz o SENHOR:* "*Vocês não verão vento nem chuva; contudo, este vale ficará cheio de água, e vocês, seus rebanhos e seus outros animais beberão. Mas para o SENHOR isso ainda é pouco; ele também lhes entregará Moabe nas suas mãos. Vocês destruirão todas as suas cidades fortificadas e todas as suas cidades importantes. Derrubarão toda árvore frutífera, taparão todas as fontes e encherão de pedras todas as terras de cultivo*". *No dia seguinte, na hora do sacrifício da manhã, a água veio descendo da direção de Edom e alagou a região. Quando os moabitas ficaram sabendo que os reis tinham vindo para atacá-los, todos os que eram capazes de empunhar armas, do mais jovem ao mais velho, foram convocados e posicionaram-se na fronteira. Ao se levantarem na manhã seguinte, o sol refletia na água. Para os moabitas que estavam defronte dela, a água era vermelha como sangue. Então gritaram:* "*É sangue! Os reis lutaram entre si e se mataram. Agora, ao saque, Moabe!*"

Deus declara pela boca do profeta que não dependeria das forças da natureza para realizar tal milagre. Ele mostra sua soberania, porque tudo está debaixo do seu senhorio.

> *Então o SENHOR respondeu a Jó do meio da tempestade e disse:* "*Quem é esse que obscurece o meu conselho com palavras sem conhecimento? Prepare-se como simples homem; vou fazer-lhe perguntas, e você me responderá. Onde você estava quando lancei os alicerces da terra? Responda-me, se é que você sabe tanto. Quem marcou os limites das suas dimensões? Talvez você saiba! E quem estendeu sobre ela a linha de medir? E os seus fundamentos, sobre o que foram postos? E quem colocou sua pedra de esquina, enquanto as estrelas matutinas juntas cantavam e todos os anjos se regozijavam? Quem represou o mar pondo-lhe portas, quando ele irrompeu do ventre materno?*" Jó 38.1-8 NVI

As lutas de Jó fizeram com que ele questionasse Deus, porém, ele chega ao ponto de questionar de maneira indevida, como muitas vezes eu já fiz, e como muitas vezes você faz. Deus então mostra a Jó que ele não dependeria das circunstâncias para transformar aquela situação, Deus mostra a Jó que Ele tem governo sobre o mundo dos homens. Deus mostra a Jó que não era pelo fato de ele, Jó, estar impedido de mudar aquela situação, que Ele, Deus, estaria preso às impossibilidades de Jó.

Ana em seu cântico fala da soberania de Deus com maestria. Observe:

O SENHOR mata e preserva a vida; ele faz descer à sepultura e dela resgata. O SENHOR é quem dá pobreza e riqueza; ele humilha e exalta. Levanta do pó o necessitado e do monte de cinzas ergue o pobre; ele os faz sentar-se com príncipes e lhes dá lugar de honra. Pois os alicerces da terra são do SENHOR; sobre eles estabeleceu o mundo. I Sm 2.6-8 NVI

Quem busca de Deus uma bênção ou uma vitória precisa ter em mente que Deus não está sujeito a tempo e espaço, como todos estão. Deus pode tudo em qualquer momento.

O nosso Deus está nos céus, e pode fazer tudo o que lhe agrada. Sl 115.3 NVI

O SENHOR estabeleceu o seu trono nos céus, e como rei domina sobre tudo o que existe. Sl 103.19 NVI

Ah! Soberano SENHOR, tu fizeste os céus e a terra pelo teu grande poder e por teu braço estendido. Nada é difícil demais para ti. Jr 32.17 NVI

Deus não precisa pedir licença a ninguém para operar. Ele é Deus, Ele se basta e Ele é Senhor, sobre tudo e sobre todos. Houve um homem na Bíblia que entendeu isso da pior forma. Nabucodonosor foi o homem que, para entender a soberania de Deus, teve que ser abatido por Ele, e depois exaltado, para reconhecer que Deus é soberano.

Ao fim daquele período, eu, Nabucodonosor, levantei os olhos ao céu, e percebi que o meu entendimento tinha voltado. Então louvei o Altíssimo; honrei e glorifiquei aquele que vive para sempre. O seu domínio é um domínio eterno; o seu reino dura de geração em geração. Todos os povos da terra são como nada diante dele. Ele age como lhe agrada com os exércitos dos céus e com os habitantes da terra. Ninguém é capaz de resistir à sua mão ou dizer-lhe: "O que fizeste?" Naquele momento voltou-me o entendimento, e eu recuperei a honra, a majestade e a glória do meu reino. Meus conselheiros e os nobres me procuraram, meu trono me foi restaurado, e minha grandeza veio a ser ainda maior. Agora eu, Nabucodonosor, louvo, exalto e glorifico o Rei dos céus, porque tudo o que ele faz é certo, e todos os seus caminhos são justos. E ele tem poder para humilhar aqueles que vivem com arrogância. Dn 4.34-37 NVI

Se as circunstâncias estão ou não ao seu favor, Deus não está interessado em saber. Ele não precisa que alguma coisa favoreça sua Soberania.

Bênção é um sinal de aprovação divina

Todas estas bênçãos virão sobre vocês e os acompanharão, se vocês obedecerem ao SENHOR, o seu Deus. Dt 28.2 NVI

Quando Deus aprova a conduta de um filho seu, ele responde de imediato com a manifestação da sua bênção. É importante dizer que bênção não significa ausência de problemas, mas bênçãos são os caminhos que Deus cria em meio aos problemas. Ter a bênção de Deus sobre a sua vida lhe dá sinal de aprovação de conduta, logo você entende que está fazendo a coisa certa.

Como já disse anteriormente, Deus recompensa a obediência e desaprova a rebeldia de maneira clara. A verdade, é que Deus a cada decisão certa libera uma porção da sua bênção, cada atitude errada ele dá sinais de desaprovação, para que se possa corrigir a rota. Deus não quer que se esteja perdido, por isso sua aprovação assim como a sua correção são claras, para que se saiba reconhecer o que Ele espera de cada um. No texto de Deuteronômio 28.2, Deus deixa bem claro que Deus recompensaria a obediência de imediato, porém puniria a desobediência também de imediato.

Bênção do hebraico *"BERAKA"* – Conceber poder para alcançar sucesso, prosperidade, fecundidade, longevidade. É possível então definir a palavra bênção como autorização para realizar. A partir dessa definição, percebe-se como a bênção de Deus foi o diferencial decisivo para os homens que marcaram a história. Foi a bênção de Deus que capacitou Abraão e Sara a gerar um filho. Foi a bênção de Deus que capacitou Isaque a plantar em tempos de crise e colher cem por um. Foi a bênção de Deus que fez Jacó prosperar, mesmo sendo enganado por seu tio.

Quando Deus libera sua bênção sobre a vida de uma pessoa, ou de uma nação, pode-se contar com uma mudança radical no estilo de vida, assim como no quadro circunstancial que a pessoa ou nação vive.

Tudo que você precisa neste momento da sua vida não é de favores, nem que ninguém tenha pena de você. A única coisa que você precisa, para começar um ciclo de vitórias constantes em sua vida, é a bênção de Deus. Quando se caminha debaixo da bênção de Deus o esforço é mínimo, pois Deus potencializa as ações, as portas se abrem, as oportunidades são criadas de maneira completamente divina, e até seus inimigos reconhecerão que existe algo diferente sobre a sua vida. Deus quer lhe conceder poder para alcançar sucesso, prosperidade e crescimento, mas você precisa buscar a bênção dEle sobre sua vida. É a bênção de Deus que fará a diferença, assim a sua história será definida como antes e depois da bênção de Deus.

Quando olho para a história de homens na Bíblia e também fora dela, percebo um agir específico de Deus em direção a suas vidas. Pessoas que estavam fadadas ao fracasso, da noite para o dia, transformam-se em grandes homens. Um único fato mudou suas vidas, e Deus decidiu abençoá-los. A bênção de Deus sobre a vida de uma pessoa ou de uma nação faz com que a pessoa ou nação concretize conquistas, realizações, ações e descobertas incomuns. A bênção de Deus não só potencializa o que há de melhor em cada um, como potencializa o que de melhor no lugar onde se está, e também potencializa o melhor das pessoas que estão à sua volta. O que transformou o ventre de Sara, já envelhecido pelo tempo, foi a bênção de Deus sobre sua vida. A bênção de Deus é mais importante que dinheiro, pois a bênção de Deus faz que você conquiste o dinheiro, mas o dinheiro não lhe dá direito à bênção de Deus.

Como os sinais da bênção de Deus se manifestam?

- A bênção de Deus potencializa as habilidades. I Sm 16.13,18
- A bênção de Deus potencializa as ações. Gn 26.12-13
- A bênção de Deus cria situações que abrem a porta para o propósito de Deus. I Sm 16.13-14

• A bênção de Deus aproxima você das pessoas certas. Gn 24.12-27

• A bênção de Deus sobre uma pessoa a faz ser notada. I Sm 16.16-19

• A bênção de Deus sobre uma pessoa a faz se destacar. Gn 39.1

• A bênção de Deus sobre uma pessoa alcança a sua família. Dt 28.4

• A bênção de Deus faz você prevalecer sobre os inimigos. Dt 28.7

• A bênção de Deus faz você caminhar em prosperidade. Dt 28.11

• A bênção de Deus mantém os céus abertos. Dt 28.12

• A bênção de Deus tira você da posição de cauda e o coloca na posição de cabeça. Dt 28.13

Ignorar os princípios que liberam a bênção é correr atrás do inatingível

Que princípios da bênção são ignorados?

Ser uma bênção é muito maior que ter uma bênção

Eu farei de ti uma grande nação; abençoar-te-ei, e engrandecerei o teu nome; e tu, sê uma bênção. Gn 12.2 (Revisada)

A maioria das pessoas busca a bênção de Deus, apenas para resolver um problema que atingiu sua vida em alguma área, porém esquecem que ser é maior e melhor do que ter. Ser uma bênção é uma condição ininterrupta, e ter uma bênção é proporcional a tempo e espaço.

Muitas coisas que você e eu temos hoje, não terão nenhuma utilidade daqui a dez anos. Eu lembro que nos anos oitenta, eu usava um pente chamado de garfo, pois eu tinha um cabelo black. Hoje, não uso nem garfo nem pente, pois sou calvo, e raspo a cabeça para ficar homogêneo.

Ter é condicional, ser é permanente. Ao ler Deuteronômio 28, percebe-se que todas as bênçãos relacionadas estão condicionadas; em Gênesis 12, na aliança que Deus faz com Abraão, Ele não condiciona a ações e sim a um estilo de vida. Deus marca o chamado de Abraão quando Ele o desafia com a seguinte postura: *"sê uma bênção"*. Agora Deus o estava encorajando, e ao mesmo tempo o desafiando a ir além da condição de recebedor. O desafio agora é ser uma bênção.

Abençoarei os que o abençoarem e amaldiçoarei os que o amaldiçoarem. Gn 12.3 NVI

Então Abimeleque trouxe ovelhas e bois, servos e servas, deu-os a Abraão e devolveu-lhe Sara, sua mulher. "E disse Abimeleque: "Minha terra está diante de ti; podes ficar onde quiseres." A Sara ele disse: "Estou dando a seu irmão mil peças de prata, para reparar a ofensa feita a você diante de todos os seus; assim todos saberão que você é inocente." A seguir Abraão orou a Deus, e Deus curou Abimeleque, sua mulher e suas servas, de forma que puderam novamente ter filhos, porque o SENHOR havia tornado estéreis todas as mulheres da casa de Abimeleque por causa de Sara, mulher de Abraão. Gn 20.14-18 NVI

O que Abraão não tinha e o que mais ele desejava foi o que ele teve que aprender a ministrar e interceder, para que outros recebessem; assim ele também pôde receber de Deus. Deus não quer apenas abençoar sua vida. Ele quer levar você além desse nível. Deus não quer apenas livrar você dos seus problemas. Ele quer fazer de você uma autoridade na área que hoje é o seu maior desafio. Deus está desafiando você a ser um canal facilitador das bênçãos de Deus na vida das pessoas que estão a sua volta.

Ser uma bênção é assumir um estilo de vida diferenciado pelo chamado de Deus. Ser uma bênção é ser a pessoa que chama a atenção, não por conta de um sucesso temporário, que pode ser comparado a uma nuvem, que passa rápido e se transforma com qualquer vento, mas de sucesso sustentado na constância de vida. Ser bem-sucedido em um momento é fácil, manter o sucesso é o difícil. O sucesso de Abraão permaneceu depois de sua morte; por causa da sua postura em vida, ele aceitou o desafio de ser, não apenas de ter. Quando Abraão aceitou o desafio proposto por Deus, ele o fez acreditando que a maior responsabilidade não era sua, e sim de Deus. Era de Deus a responsabilidade de protegê-lo dos seus inimigos, assim como a responsabilidade de abençoar as pessoas que o abençoassem, de forma que elas entendessem que o que estava acontecendo era pelo bem ou pelo mal que fizessem a Abraão.

A responsabilidade de Abraão era apenas a seguinte: "*sê uma bênção*", independentemente de as pessoas perseguirem a Abraão ou não, Deus apenas deu uma ordem direta a ele: "*sê uma bênção*"; independentemente de as pessoas estarem falando mal de Abraão, a ordem era "*sê uma bênção*".

Até que ele se acostumasse com esse estilo de vida ele cometeu muitos erros, porém ele não desistiu de assumir o estilo de vida pelo qual Deus o desafiou. Neste mundo entendo que todos os cristãos têm o dever de ser reconhecido como bênção, em tudo o que fizer, na maneira de falar, nas atitudes, no caráter. Deve-se não aceitar ser menos que bênçãos ambulantes neste mundo. Independentemente do que façam, do que falem, de como seja tratado, eu e você fomos chamados para ser facilitadores da bênção de Deus na vida das pessoas. Abraão dá a Abimeleque o que Deus tinha dado a ele. Pedro da ao paralítico o que ele tinha certeza que havia recebido de Jesus. Abraão entende que deveria ser uma bênção; ele entende que quando você é, coisas passam a existir para você porque você é alguém para algo. Você só pode dar o que você tem se você for uma bênção. Portanto, bênção é o que você vai dar, senão você não é bênção...

O que se fala influencia o que se tem, o que se é e o que se vê

Quando colocamos freios na boca dos cavalos para que eles nos obedeçam, podemos controlar o animal todo. Tomem também como exemplo os navios; embora sejam tão grandes e impelidos por fortes ventos, são dirigidos por um leme muito pequeno, conforme a vontade do piloto. Semelhantemente, a língua é um pequeno órgão do corpo, mas se vangloria de grandes coisas. Vejam como um grande bosque é incendiado por uma simples fagulha. Assim também, a língua é um fogo; é um mundo de iniquidade. Colocada entre os membros do nosso corpo, contamina a pessoa por inteiro, incendeia todo o curso de sua vida, sendo ela mesma incendiada pelo inferno. Tg 3.3-6 NVI

Você já deve ter ouvido que as palavras têm poder. Muito, além disso, as palavras podem criar o seu amanhã, porque em nossos lábios existe a força criativa das palavras.

Pela bênção dos justos a cidade é exaltada, mas pela boca dos ímpios é destruída. Pv 11.11 NVI

Do fruto de sua boca o homem se beneficia, e o trabalho de suas mãos será recompensado. Pv 12.14 NVI

Do fruto de sua boca o homem desfruta coisas boas, mas o que os infiéis desejam é violência. Quem guarda a sua boca guarda a sua vida, mas quem fala demais acaba se arruinando. Pv 13.2-3 NVI

A conversa do insensato traz a vara para as suas costas, mas os lábios dos sábios os protegem. Pv 14.3 NVI

Ignorar os princípios que liberam a bênção é correr atrás do inatingível

As palavras do tolo provocam briga, e a sua conversa atrai açoites. A conversa do tolo é a sua desgraça, e seus lábios são uma armadilha para a sua alma. Pv 18.6-7 NVI

Saborosa é a comida que se obtém com mentiras, mas depois dá areia na boca. Pv 20.17 NVI

Talvez você não tenha se dado conta que muito do que você vive hoje é resultado do que você disse ontem, pois suas palavras são como sementes, germinam, crescem, viram árvores e dão frutos. Esses frutos caem no quintal chamado vida.

Uma vez que uma sentença é liberada pelo poder das suas palavras, Deus ou o diabo agirá sobre elas. Se forem palavras de bênção, que bom! Deus trabalhará sobre elas. Se forem palavras de maldição, sobre sua vida ou sobre a vida de alguém, essas palavras criarão o seu futuro. Sua palavra tem poder.

No ano de 1996, eu estava desempregado há algum tempo, e estava um tanto frustrado e deprimido naqueles dias, porém, mesmo frustrado e deprimido, eu continuava minha vida de oração.

Certo dia, frustrado e deprimido, talvez sem acreditar em minha oração, eu disse a Deus, sem compromisso, sem seriedade: "Deus, eu estou sem roupa, e eu queria que o Senhor me desse uma calça, podia até ser rasgada." No dia seguinte, para minha surpresa, uma irmã da igreja foi até minha casa e em uma sacola plástica levou uma calça de cor marrom, seminova, apenas com um problema, o rapaz foi vestir a calça e estava um tanto apertada nele e rasgou os fundos da calça.

Quando ela me contou a história, eu morri de rir, pois sabia o que tinha dito a Deus em minha oração. Entendo que aquele foi um jeito de Deus me dizer o seguinte: O que você fala tem poder. Cuidado! Tenho percebido que muitas pessoas não compreendem o valor e o peso de suas palavras em sua vida. Muitos cristãos ainda ignoram o poder de suas palavras e não percebem que é a palavra que dá vida aos sentimentos e pensamentos.

Tiago alerta sobre como se deve ser rigoroso com o que se diz, e como se diz, pois a língua contamina o corpo, incendeia o curso da vida e muitas vezes é incendiada pelo inferno, ou seja, em muitos momentos o que se fala é motivado e inspirado pelo inferno. A atmosfera que proferimos algumas sentenças, seja sobre a nossa própria vida e principalmente sobre a vida de terceiros, é decisiva para dar vida as nossas palavras.

O pastor Celso Brasil em seu livro PARA NUNCA MAIS ESQUECER, libera a seguinte sentença:

"... uma palavra de medo confirma o problema uma palavra de fé muda as circunstâncias".

O que você diz influencia suas escolhas, suas decisões, sua maneira de pensar, sua relação com os amigos e até afetivamente porque a palavra tem poder criativo. Aprendi desde cedo que as minhas palavras criam o ambiente em que eu vivo: palavras de dúvida criam um ambiente de incerteza; palavras de raiva e ódio criam um ambiente de tensão, porém, palavras de vitória criam um ambiente de alegria e certeza; palavras de perdão criam um ambiente de reconciliação e restauração. O ambiente que você quer conviver pode ser criado pelo que você fala. É por esse motivo que a língua é um instrumento tão poderoso, que cria ambientes favoráveis e desfavoráveis com a mesma facilidade e intensidade, porque a palavra tem o poder criativo. Jesus ensinou que o que contamina o homem não é o que entra e sim o que sai da boca.

Não percebem que o que entra pela boca vai para o estômago e mais tarde é expelido? Mas as coisas que saem da boca vêm do coração, e são essas que tornam o homem 'impuro'. Pois do coração saem os maus pensamentos, os homicídios, os adultérios, as imoralidades sexuais, os roubos, os falsos testemunhos e as calúnias. Mt 15.17-19 NVI

Quando se fala, dá-se vida, cor e forma aos pensamentos e sentimentos. Falar ainda é a terapia mais eficaz que existe. No momento em que se fala, joga-se para fora todo o acúmulo de pensamentos e sentimentos ruins, e desfaz-se da carga. O perigo está quando a descarga de pensamentos e sentimentos ruins acontece sobre pessoas que fizeram ou fazem mal. A língua ainda hoje é o instrumento mais poderoso para fazer a guerra ou trazer a paz.

A resposta calma desvia a fúria, mas a palavra ríspida desperta a ira. Pv 15.1 NVI

Na vida você só conquista o que está realmente comprometido para receber.

Eu nunca ouvi dizer nem nunca li em livro ou artigo que Deus abençoasse pessoas sem comprometimento, ou que pessoas sem comprometimento constroem alguma coisa. Fazendo um curso de vendas para uma empresa onde trabalhei, ouvi uma sentença que mudou a minha vida:

"Se você não for responsável pelo seu sucesso, você será responsável pelo seu fracasso".

Tudo na vida exige comprometimento; pessoas que não estão prontas para se comprometerem não podem acreditar que Deus as abençoará, Deus nunca premiará pessoas que vivem para o nada. Quem não quer chegar a lugar nenhum já realizou o seu plano. Quando falo a respeito de comprometimento, estou falando do comprometimento com os seus sonhos, sua meta de vida, com a sua própria história.

Quando você não sabe aonde quer chegar, não existe caminho que o leve. Deus é um ser extremamente comprometido. O mínimo que Ele pode esperar de pessoas que buscam dEle a sua bênção é comprometimento. Na criação, existem muitas provas da maneira que Deus trata com a palavra comprometimento. Tudo que ele começou, Ele terminou, e tudo o que ele criou foi de maneira organizada, pois Ele não fez nada que não considerasse relevante. Deus, em sua ação criativa, estava inteiramente comprometida com a palavra ordem.

Toda desordem desajusta o comprometimento, significa falta de foco, falta de relevância, logo, quando se investe tempo, força, dons, determinação e visão no que está fora de foco, deixa-se de estar comprometidos com a coisa certa.

Maldito o que faz com negligência o trabalho do SENHOR! Jr 48.10(a) NVI

O que faz uma pessoa suportar a adversidade não é somente a fé, mas o comprometimento com o qual se quer ver acontecer em sua vida. José estava tão comprometido com os sonhos que Deus havia lhe mostrado, que suportou a traição dos irmãos e a vergonha de ser vendido como escravo, venceu a tentação do sexo fácil, e ainda suportou ser levado à cadeia sem culpa, ou seja, suportou tudo isso acreditando que o sonho era real. Os sonhos de José não estavam no campo do abstrato, e sim do concreto. A promessa de Deus para ele era uma realidade.

Se ele não fosse uma pessoa comprometida, não suportaria passar por tudo o que ele passou, e desistir seria mais fácil.

Quando ele foi lançado no poço por seus irmãos, ele poderia ter dito que estava sendo arrogante e que cometeu um engano, que era brincadeira acreditar em seu sonho. Ele não voltou atrás em sua palavra. Se ele não tivesse comprometido com o sonho, ele teria aceitado ser amante da mulher de Potifar. O comprometimento com o propósito de Deus o fez renunciar o sexo fácil, ainda que tenha pago um alto preço por isso. O comprometimento dá força para enfrentar, suportar e vencer as adversidades.

Quando eu olho para a história de homens, como um camelô, que, com dez reais, conseguiu vencer na vida, montar franquias de bancas de doces e hoje ministra palestras de motivação. Como Silvio Santos, que começou do nada e hoje é dono de uma das maiores rede de televisão do Brasil. Como Silas Malafaia, que já empurrou carrinho de cachorro quente na rua, e hoje é recorde de vendas em CDs e DVDs de mensagens. Essas histórias representam e apontam para uma única direção: comprometimento.

Ninguém chega a lugar algum sem antes entender a dimensão dessa palavra. Deus age em favor de pessoas que compreendem o poder da palavra comprometimento. Ele sustentou Daniel, Azarias, Misael e Hananias, porque eles, diante de uma nação que não conhecia o seu Deus, decidiram levar a palavra comprometimento ao extremo. Eles não queriam perder suas origens, não queriam perder os fundamentos de sua fé, e principalmente, não queriam perder a intimidade que eles mantinham com Deus.

Abriram mão do manjar do rei, colocando em risco suas próprias vidas, abriram mão de suas vidas, para não se curvarem diante de outro deus, motivados pela palavra-chave que sustentou e fortaleceu sua fé e comunhão com o seu Deus: comprometimento.

O que o comprometimento produz?

Visão clara

Enquanto sua visão não for clara, sua motivação estará sendo desperdiçada. O motivo é que a falta de visão, ou uma visão distorcida, direciona esforços para o lugar errado, logo, não se chega a lugar nenhum. O comprometimento define algumas ações, comportamentos e até sentimentos. Toda pessoa que quer ser bem-sucedida e não tem uma visão clara se perde no meio do caminho. Quem não tem uma visão definida não sabe aonde quer chegar e o que precisa fazer.

Milhões de pessoas hoje vivem dessa maneira, cada hora atiram para um lado, cada hora querem uma coisa diferente, cada hora seus sentimentos o direcionam para um lugar mais longe do plano de Deus, porque lhes falta uma visão clara, primeiro do que a própria pessoa quer, e depois do plano de Deus para a sua vida. Talvez você ache estranho eu estar colocando nesta ordem, porém, eu entendo que se não sei o que quero para minha vida, vou saber o que Deus tem pra mim? Se a visão para sua própria história está indefinida, a visão do seu relacionamento com Deus estará muito mais.

Ninguém que espera ser médico pode ter um engenheiro como seu referencial, pois as realidades são diferentes, os relacionamentos são diferentes; trabalhar com equações é diferente de trabalhar com o corpo humano, concreto não sangra, não sente dor, muito menos morre. Quando a sua visão for clara, você vai procurar se relacionar com pessoas que vivem o que você quer viver. Você vai se relacionar com pessoas que venceram o que você precisa vencer. Isso o ajudará a ter uma visão clara sobre a realidade que você está buscando. Pare de investir tempo, motivação e lágrimas em uma visão que você não tem certeza que é para você. Você já parou para se perguntar se o que você está buscando hoje para a sua vida é o que Deus quer para você?

Imagine você perder dez ou vinte anos de sua vida, e depois descobrir que havia um chamado diferente? Já pensou nisso? É melhor você perder um ano de sua vida se certificando e tornando sua visão clara, do que perder dez anos em uma tarefa que não é a sua.

Conheci algumas pessoas que passaram quatro anos de sua vida em uma universidade, formaram-se, trabalharam por um, dois anos no máximo, e depois descobriram que não era aquilo que queriam fazer. Perdeu-se dinheiro, tempo e motivação na tarefa errada. Minha esposa fez um ano de Administração, um ano de Direito, um ano de Marketing, e cada ano ela descobria que não era aquilo que queria fazer.

Se a sua visão não for clara, você não chegará a lugar algum. A falta de uma visão clara faz você tomar decisões precipitadas. Isso aconteceu comigo. Alguns anos atrás, lancei meu primeiro livro da maneira errada e no tempo errado. Isso me gerou uma grande dor de cabeça, pois além de não conseguir atingir o que eu queria, consegui criar uma série de problemas que eu não precisava naquele momento da minha vida.

Eu decidi parar, parar para ouvir sua voz, e entender que a minha precipitação ocorreu por falta de uma visão clara. Você pode evitar perda de tempo, frustrações, revoltas e grandes conflitos se você tiver a coragem de remover o que torna a sua visão obscura e indefinida. Não permaneçam com escamas nossos olhos.

Motivação para resistir às pressões da vida

Dizer que não existe um momento na vida que não se desanima é mentira. Isso acontece com qualquer pessoa, e a verdade é que acontece muito mais do que se tem a honestidade e coragem de admitir. Estar motivado é um fator decisivo e fundamental para quem quer realizar grandes coisas, porém não seja ingênuo em acreditar que pessoas sempre estarão se motivando na realização de conquistas. A verdade é uma só: a maioria das pessoas vai tentar desmotivar você, é aí que você precisa criar mecanismos de motivação diária.

O principal fundamento da sua motivação deve ser estar comprometido com algo real, algo que ainda que as circunstâncias ou pessoas o tentem desmotivar, eles não podem ignorar que o que você busca é uma realidade. Quando motivado, reage-se de maneira positiva diante das oposições, a crítica não o abate, a falta de recursos não o frustra; na verdade, o vento contrário para uma pessoa motivada se torna combustível, e é a hora que colocar mais garra, mais oração, mais compromisso, mais intensidade de vida com Deus. Motivação é uma vacina contra a incredulidade, contra a mediocridade, contra o desânimo, contra o tédio, contra a murmuração, contra a falta de atitude. Caso você não tenha se vacinado contra esses adjetivos, ainda é tempo.

Sentimentos organizados

O ser humano não é uma máquina, porém os sentimentos foram criados para o homem, e não o homem para os sentimentos. Muitas vezes já aconselhei pessoas que declararam que estavam sentindo algo incontrolável. Eu sempre entendi e acreditei que eu sou responsável pelo que sinto e como sinto, eu sou o senhor das minhas emoções e não o contrário. Deus deixou bem claro para Caim que ele tinha o poder de dominar o que ele estava sentindo, pois Deus criou o homem para a posição de governo.

Ignorar os princípios que liberam a bênção é correr atrás do inatingível

> *Então disse Deus: "Façamos o homem à nossa imagem, conforme a nossa semelhança. Domine ele sobre os peixes do mar, sobre as aves do céu, sobre os grandes animais de toda a terra e sobre todos os pequenos animais que se movem rente ao chão".* Gn 1.26 NVI

> *Se você fizer o bem, não será aceito? Mas se não o fizer, saiba que o pecado o ameaça à porta; ele deseja conquistá-lo, mas você deve dominá-lo.* Gn 4.7 NVI

Deus não criou você para governar o mundo e ser escravo das suas emoções. O mesmo Deus que criou você para governar o mundo, criou você para governar suas emoções. Quando não se está comprometido, qualquer hora é hora, qualquer lugar é lugar.

Pessoas comprometidas aprendem a dizer não, e a abrir mão de alguma coisa. Por exemplo: uma pessoa casada que tem uma amante não entendeu o valor e o poder do comprometimento. Para essa pessoa, a palavra comprometimento perdeu o sentido, e fidelidade deixou de ter valor e propósito. A pessoa perdeu o domínio de si, sua vida passa a ser controlada pela emoção, e ela não quer abrir mão de sentir. Pessoas controladas pela emoção são geralmente muito mais ansiosas, estressadas, prontas a revidar, vivem com muito mais intensidade os conflitos, porque deixaram de ser donas de suas emoções e passaram a ser servas.

Hoje em dia parece que o normal é ser escravo da tensão, das picuinhas, das fofocas. As pessoas se esqueceram de buscar o que lhes dá qualidade de vida. O comprometimento de Jesus com o seu ministério fez com que ele fugisse de tudo o que lhe roubasse a qualidade de vida. Jesus não dedicou mais tempo para as diferenças religiosas do que para a oração; Jesus não dedicou mais tempo para o que as pessoas pensavam dele do que para curar os enfermos; Jesus não dedicou mais tempo para a incredulidade e falta de temor das pessoas do que para ensinar aos seus discípulos o que fazer e como fazer depois de sua morte.

Jesus se comprometeu com as prioridades de seu ministério, e exatamente por isso Jesus sentia o que deveria sentir, e como deveria sentir, ele não estava sendo conduzido por suas emoções, mais estava conduzindo sua vida emocional para o foco certo.

Como organizar emoções e sentimentos?

- Oração deve ser prioridade em sua vida, ainda mais na hora de tomada de decisões. É melhor investir uma semana, ou um mês de oração, do que perder um ano da sua vida resolvendo um problema fruto de uma decisão errada.

- Dê prioridade ao que lhe proporciona qualidade de vida; sem qualidade de vida, você perde a sensibilidade para ouvir o Espírito Santo e discernir os ciclos da vida.

- Não faça da sua vida emocional uma lata de lixo; não dê espaço no seu coração a mensagens destrutivas.

- Fuja se for preciso; Davi fugiu para não ser morto; Jesus fugiu para evitar uma discussão desnecessária, que com certeza o levaria a ser apedrejado. É melhor um covarde vencedor do que um corajoso derrotado.

- Quando estiver perdendo o controle, pare tudo; não tente se resolver em meio a uma batalha. Heróis são mortos por esse motivo; campo de batalha é lugar de briga, não de tentar se curar.

- Após cada momento de conflito, reestruture e reorganize sua vida emocional; feridas emocionais mal curadas hoje se tornam em câncer amanhã.

Ignorar os princípios que liberam a bênção é correr atrás do inatingível

- Não continue algo que já terminou; a vida é feita de ciclos; manter o passado em tempo presente é suicídio.
- Não se afaste de pessoas que acreditam em seus dons e em sua capacidade; é sempre mais difícil caminhar sozinho.
- Reconheça e respeite seus limites; os que tentam ir além de seus limites não voltam para contar.
- Nunca permita alguém decidir o que você deve fazer e como você deve fazer; quando as pessoas decidem o que você deveria decidir, você vai colher o que não plantou.
- Ninguém está livre de sentir algo estranho ou errado; o que você não pode permitir é que sentimentos e emoções o façam uma pessoa estranha e errada.
- Não permita que o medo o impeça de tomar uma decisão, ou decida a favor dos seus medos.
- Nunca obrigue as pessoas a aceitarem você; aceitação é algo que começa dentro de você.
- Sua força está naquilo em que você está completamente comprometido; no que não existe comprometimento, não existe verdade.
- Aprenda a dizer não; se você baixar a cabeça e disser sim para tudo o que as pessoas falam, logo, logo, você vai aceitar a culpa de algo que você não fez.
- Seja sempre transparente com o que pensa; ninguém é obrigado a adivinhar do que você gosta.
- Não julgue as pessoas pelo que você gosta ou acha certo; existem quatro outros dedos que apontam para você.
- Não venda uma imagem que você não compraria; acreditando ou não, as pessoas sempre tratarão você como se apresenta.

- Baixe a guarda; as pessoas não se aproximarão de você se pensarem que serão recebidas com socos.

- Não espere das pessoas o mesmo nível de comprometimento que você tem; cada um encara a vida de maneira diferente.

Você não pode receber o que não acredita ser possível

E tudo o que pedirem em oração, se crerem, vocês receberão. Mt 21.22 NVI.

Caminhar por fé é um convite a um mundo de experiências, a um mundo de possibilidades extremas; a fé transforma o impossível em possível, o irreal em real, portanto caminhar por fé é aceitar viver desafios diários e constantes.

Pessoas acostumadas com a monotonia têm dificuldades em aceitar viver pela fé, pois viver pela fé é uma vida dinâmica e de muitas experiências. Existe um sentimento comum na vida de toda pessoa que conseguiu vencer, e esse sentimento ou atitude é a fé. Quando uma pessoa encara o sofrimento, as calúnias, os momentos de escassez e a solidão, precisam acreditar que o sofrimento é temporário, e que depois da tormenta virá uma grande bonança, o seu esforço será vão. O apóstolo Paulo encarava o sofrimento como um trampolim para o sucesso. Ele não deixava de crer porque estava passando por dificuldades; na verdade os problemas fortaleciam sua fé.

Por isso não desanimamos. Embora exteriormente estejamos a desgastar-nos, interiormente estamos sendo renovados dia após dia, pois os nossos sofrimentos leves e momentâneos estão produzindo para nós uma glória eterna que pesa mais do que todos eles. Assim, fixamos os olhos,

Ignorar os princípios que liberam a bênção é correr atrás do inatingível

não naquilo que se vê, mas no que não se vê, pois o que se vê é transitório, mas o que não se vê é eterno. II Cor 4.16-18 NVI

Não estou dizendo isso porque esteja necessitado, pois aprendi a adaptar-me a toda e qualquer circunstância. Sei o que é passar necessidade e sei o que é ter fartura. Aprendi o segredo de viver contente em toda e qualquer situação, seja bem alimentado, seja com fome, tendo muito, ou passando necessidade. Tudo posso naquele que me fortalece. Fp 4.11-13 NVI

Pessoas que não têm em que acreditar não empregam força, não se determinam a fazer a diferença, deixam de sonhar e permitem que suas vidas sejam levadas do nada para o lugar nenhum. Ainda que seja uma pequena chama de expectativa e esperança, você precisa mantê-la acesa no seu coração, pois a única coisa que Deus exige das pessoas que se aproximam dEle é fé.

Sem fé é impossível agradar a Deus, pois quem dele se aproxima precisa crer que ele existe e que recompensa aqueles que o buscam. Hb 11.6 NVI

A incredulidade é uma ofensa a Deus, pois não se está duvidando somente do que Deus pode ou não fazer; a incredulidade tenta jogar o caráter de Deus na lama, porque duvida do comprometimento de Deus com a sua Palavra. O incrédulo tenta colocar Deus no mesmo patamar que o homem, e a grande diferença entre Deus e o homem é: o homem promete e não cumpre vezes por caráter, vezes por força de circunstância; Deus promete e faz acontecer pela força da sua Palavra.

Assim também ocorre com a palavra que sai da minha boca: ela não voltará para mim vazia, mas fará o que desejo e atingirá o propósito para o qual a enviei. Is 55.11 NVI

Deus não é homem para que minta, nem filho de homem para que se arrependa. Acaso ele fala, e deixa de agir? Acaso promete, e deixa de cumprir? Nm 23.19 NVI

O SENHOR me disse: "Você viu bem, pois estou vigiando para que a minha palavra se cumpra". Jr 1.12 NVI

O que é preciso para que as bênçãos sigam você?

As bênçãos de Deus se manifestam quando se caminha na direção certa

Uma das coisas mais horríveis da vida é descobrir que depois de estar num caminho há muito tempo, a direção que você estava seguindo era a errada. Da mesma maneira que Deus não pode premiar a desobediência, Ele não pode premiar a falta de sensibilidade, pois são as escolhas que levam a caminhos distantes da Sua vontade.

Se Deus premiasse a falta de sensibilidade, Ele estaria motivando cada um a caminhar sem a sua presença, sem a sua bênção e sem a sua direção. Quando uma pessoa sai em viagem, a parte mais importante da viagem, além de saber se o veículo está 100%. é saber reconhecer o caminho e se a rota está certa.

Existem duas maneiras de se chegar a um determinado lugar: a primeira é por experiência; a pessoa passou tantas vezes por aquele caminho que ela sabe o melhor dia e horário para trafegar naquela estrada; a segunda, é se manter atento às placas. Esse é o mais correto, porque indica a velocidade correta, onde as curvas são mais acentuadas, onde existem mais riscos de acidentes, onde existem animais na pista e possíveis reformas na rodovia. A maioria das pessoas acha que a experiência é melhor que a atenção, e com isso se acham no direito de ignorar as placas da vida. É exatamente nesse momento que os acidentes acontecem, às vezes, acidentes fatais.

O caminho que Deus planejou para que você caminhe debaixo de sua bênção, com certeza, está muito bem sinalizado.

A grande verdade é que, quando se ignora as placas, a consequência é errar o caminho; o pior é que, para ler as placas que você deixou para trás, você terá que voltar ao começo do caminho. Em Deus, quando se deixa de ver uma placa e ler uma de suas sinalizações, é melhor voltar ao início de tudo.

Contra você, porém, tenho isto: você abandonou o seu primeiro amor. Lembre-se de onde caiu! Arrependa-se e pratique as obras que praticava no princípio. Se não se arrepender, virei a você e tirarei o seu candelabro do lugar dele. Ap 2.4-5 NVI

Lembra-se dos dias que antes de cada decisão você se importava em buscar a vontade de Deus? Lembra-se dos dias quando você não tinha outro prazer, senão conhecer mais de Deus? Lembra-se dos dias quando, a cada manhã, você priorizava a vontade e a direção de Deus em sua vida? Lembrando desses dias, com certeza você se lembrará de que o esforço era menor, parecia que tudo simplesmente dava certo, e você sabia a resposta. Sabe que o seu esforço em caminhar na direção certa liberou muitas bênçãos de Deus sobre a sua vida, porém hoje não é diferente.

Se vocês estiverem dispostos a obedecer, comerão os melhores frutos desta terra; mas, se resistirem e se rebelarem, serão devorados pela espada. Pois o SENHOR é quem fala! Is 1.19-20 NVI

As placas estão claras, porém cada um crê que sua experiência basta, e que não se deve mais se orientar por elas. Quem dirige sabe que as placas de sinalização de trânsito agem com vários propósitos: indicar o caminho e seus perigos, indicar placas de alerta e placas de punição ao desobedecer.

Da mesma forma, em Deus, existem placas que indicam o caminho e os perigos, placas de alerta e placas de punição ao quebrar alguns princípios. Eu diria que existem muitos cristãos que estão urgentemente precisando fazer curso de reciclagem; precisam voltar para a autoescola, pois perderam o seu direito de dirigir de tanto desobedecer a leis e quebrar princípios. É impossível transitar na estrada da obediência se não estiver disposto a seguir as orientações das placas. Para Deus não importa a sua posição - pastores, bispos, apóstolos, presbíteros, diáconos, membros - obedecer é um dever de todos. Não queira se comportar como se já tivesse aprendido tudo, na escola de Deus. Eu e você seremos sempre alunos, não importa em que graduação, seremos sempre alunos. O interessante é que, por causa da posição que cada um alcançou em Deus, o rigor que Deus trata cada aluno é diferente. Por exemplo: é normal um aluno de ensino fundamental errar um cálculo de raiz quadrada, mas para um PHD em matemática é absurdo. O rigor com que Deus tratou Moisés foi completamente diferente do rigor que ele tratou Josué. Infelizmente, existem pessoas que deveriam estar experimentando nessa fase da vida coisas muito maiores de Deus, e infelizmente estão tendo que reaprender os fundamentos de sua fé, e de uma vida com Deus.

Deveria ser normal na vida quando, ao primeiro sinal de uma coisa errada, cada um se voltasse para Deus e buscasse nEle uma direção. Infelizmente não é assim que acontece, porque se dá errado de um jeito, logo se tenta de outro; uma porta se fechou aqui, logo se tenta abrir outra; uma ideia não deu certo, imediatamente se pensa em outra coisa a ser feita, mas não se desconfia de que o caminho e a direção podem estar erradas, e o próprio Deus pode estar impedindo, para que você não se distancie muito de sua vontade.

Paulo e seus companheiros viajaram pela região da Frígia e da Galácia, tendo sido impedidos pelo Espírito Santo de pregar a palavra na província da Ásia. Quando chegaram à fronteira da Mísia, tentaram entrar na Bitínia, mas o Espírito de Jesus os impediu. At 16.6-7 NVI

O incomum aconteceu, e o Espírito Santo, que deveria ajudar no desenvolvimento da obra, opõem-se a ela, tudo porque a direção estava errada, porém, a partir do momento que eles entendem a direção de Deus, as portas se abrem e o seu trabalho começa a fluir novamente.

Durante a noite Paulo teve uma visão, na qual um homem da Macedônia estava em pé e lhe suplicava: "Passe à Macedônia e ajude-nos". Depois que Paulo teve essa visão, preparamo-nos imediatamente para partir para a Macedônia, concluindo que Deus nos tinha chamado para lhes pregar o evangelho. At 16.9-10 NVI

Entendendo os motivos que levam a caminhar fora da direção de Deus

Primeiro - Ser cabeça dura

Acredito que não existe nada pior aos olhos de Deus que uma pessoa de cabeça dura, turrona, birrenta, cabeçuda. Eu entendo que pessoas com esse perfil sofrem muito, pois, além de experimentar derrotas consecutivas, os amigos e a família acabam se afastando por dificuldade de relacionamento.

Há algumas semanas, estava assistindo a um programa na TV a cabo sobre culinária, já que gosto muito de cozinhar. O programa mostra a história de um grande chefe de cozinha que ajuda restaurantes, que estão à beira da falência, a dar certo, reformando o cardápio e a maneira de atuar no mercado.

O que é preciso para que as bênçãos sigam você?

Ele visitou um restaurante onde o proprietário insistia em uma ideia errada, e sua insistência estava levando o restaurante à falência. Não havia clientes para dar sustentabilidade ao restaurante, ele tinha meio milhão de dólares em prejuízo e estava para perder a hipoteca da casa, porém, ele não queria mudar, não queria aceitar os conselhos de um homem que havia experimentado o fracasso e agora era um grande vencedor. Preferia afundar com os negócios, perder a casa e destruir a família a mudar de rota. Depois de uma forte confrontação, decidiu aceitar a ideia que estava sendo apresentada.

Ser cabeça dura é uma atitude completamente arrogante, é como se somente suas escolhas e suas decisões fizessem sentido. O arrogante acredita que sabe tudo, e ele se basta. É por isso que sofre tanto. Ao longo do meu ministério, conheci pessoas que perderam muita coisa por não querer acatar a orientação. Vi pessoas perderem casa, família e algumas outras perderem dinheiro, muito dinheiro por não querer ouvir. Eu conheci uma pessoa que por não aceitar conselhos, porque, para ele, suas ideias eram infalíveis, perdeu mais de dois milhões em patrimônios em menos de cinco anos. E sua dívida não chegava a duzentos mil reais nesse mesmo período. Tudo por não querer ouvir, ou seja, por ser cabeça dura. Pessoas de cabeça dura insistem em ciclos que já terminaram. Os anos quarenta foram ótimos, porém, a cada década, descobre-se novas maneiras de fazer coisas antigas.

Não acompanhar essa evolução indica que você parou no tempo: suas ideias pararam no tempo, seus sonhos pararam no tempo, seus dons pararam no tempo, e a partir desse momento você começa a atrofiar, e a atrofia destrói qualquer projeto.

Como uma pessoa turrona não se convence com facilidade, a única maneira de trazer consciência a pessoas com essa característica é a confrontação. A maneira de Deus confrontar a vida de cada um quando se age assim é permitir uma coisa chamada problema, e os problemas são a maneira mais eficaz de se perceber que ideias, atitudes e decisões são responsáveis pelo que se vive.

Da mesma maneira, o sucesso acontece por um conjunto de ideias, atitudes e decisões certas. O fracasso acontece por um conjunto de ideias, atitudes e decisões erradas. E como eu sempre digo: quando Deus não muda o problema; Deus quer mudar você. Reconhecer e mudar não são sinais de fraqueza, pois somente os fortes conseguem reconhecer suas debilidades, mudar para vencer é uma atitude de sabedoria, porém insistir no erro é uma atitude tola.

Experimente abandonar suas verdades e acreditar que quando se anda na direção certa, encontra-se tudo o que se precisa para realizar seu propósito nesta Terra e viver com qualidade de vida.

Segundo - Decidir antes de orar

Eu acredito que a oração é um instrumento que ajuda a evitar alguns erros, quando não a maioria deles. A verdade é que se usa a oração como um instrumento de reclamação de coisas que deram erradas, como se Deus fosse o principal culpado disso, quando se deveria aprender a usar a oração como uma bússola, para orientar as decisões. A oração é colocada como a última coisa a ser feita e ainda de qualquer maneira, quando a oração deveria ser a primeira coisa a ser feita com o melhor do nosso tempo para Deus.

Decidir sem se importar com a oração é buscar atalhos. Aprendi com o duro aprendizado da experiência, que Deus não usa atalhos, Deus tem caminhos. Homens como Davi e Daniel aprenderam a tomar decisões depois de investir tempo em oração, aprenderam que a oração é a maneira mais rápida e clara de descobrir a vontade de Deus para suas vidas. Eles eram homens com tempo muito reduzido, mais ainda assim descobriram tempo para se dedicar à oração. Com certeza tiveram que abrir mão de alguma coisa para encontrar tempo para a oração, aprenderam que quem quer errar menos precisa encontrar mais tempo para orar.

Na vida você não pode ter tudo. Para colocar a oração como uma prioridade em sua vida, você terá que abrir mão de alguma coisa, para encontrar o tempo que precisa para dedicar à oração. Você só descobrirá o que a oração pode fazer por você, se você se entregar à oração com paixão e entrega e, então, com certeza Deus vai direcionar você, e suas expectativas serão supridas por meio da oração. Deus pode preveni-lo de armadilhas que estão por trás de situações aparentemente inofensivas. Deus pode, por meio da oração, ampliar sua sensibilidade e sua visão para as oportunidades que estão a sua volta. A oração o faz andar no caminho, pois a vontade de Deus passa a ser uma prioridade em sua vida.

Terceiro - Perda do temor

Devido ao aumento da maldade, o amor de muitos esfriará. Mt 24.12 NVI

Maldade é manifestação da injustiça e, por esse motivo, muitas pessoas desacreditam que devem continuar fazendo o que é certo.

Começam a se questionar se serão ridicularizados por fazerem algo que as pessoas não acreditam mais que deve ser feito, e principalmente por verem pessoas que enganam, que mentem e que passam outras para trás conseguirem um aparente sucesso.

Infelizmente hoje, sucesso, na cabeça das pessoas, está extremamente ligado a injustiça e malandragem.

Vive-se um momento em que as pessoas acreditam que vale tudo por sucesso. Eu entendo que existem dois tipos de sucesso; primeiro aquele que é sustentado pela imagem da pessoa, o segundo aquele que é sustentado pela capacidade que a pessoa tem de produzir alguma coisa.

O sucesso baseado na imagem é perigoso, porque muitas vezes as pessoas criam uma imagem do que não são, representam para serem aceitos, e com certeza não conseguirão interpretar o tempo todo. O sucesso construído com talento e dom é mais importante, é mais duradouro, abre portas sem a necessidade de se submeter a favores ou à quebra de princípios. Acreditar que o sucesso baseado no engano é duradouro não é simplesmente um erro, é uma tolice pior que não alcançar sucesso; é construir sucesso e depois ser visto como uma farsa. O temor previne o comportamento suicida que está embutido na falta de temor.

Quando se perde o temor, perde-se o limite entre o certo e o errado, entre o bem e o mal. Quando não há temor de Deus nos corações, não se pensa na consequência que existe por trás das decisões. Apenas preocupa-se com os resultados a obter, ignora-se as leis que regem a vida, deixa-se de acreditar que as leis que regem a vida afetam todos, independentemente se as respeita ou não.

Não se deixem enganar: de Deus não se zomba. Pois o que o homem semear, isso também colherá. Gl 6.7 NVI

A lei da semeadura é o princípio mais certo que já conheci, porém o que faz algumas pessoas não respeitarem esse princípio é que elas não recebem a colheita de suas ações de imediato. No entanto, não se esqueça que toda semente tem o seu tempo para germinar, crescer, transformar-se em árvore e depois dar o seu fruto. O interessante é que existem árvores de frutos pequenos, mas em grande quantidade, e outras árvores dão poucos frutos, mas são gigantes, ou seja, pequeno ou grande, sua semente vai dar fruto, se forem bons, será uma bênção, se não forem bons, não terá como evitar o resultado.

O que faz a diferença na vida de qualquer pessoa, seja ela cristã ou não, é o que ela teme e porque teme. O temor pelo temor não significa nada. A maioria dos nossos medos, são infundados e sem propósito, porque estão baseados em lendas, e servem apenas para gerar culpa e distorção dos princípios que Deus estabeleceu, os quais não tinham o fim de amaldiçoar, e sim de criar leis como caminhos para sua bênção, leis estas que Ele mesmo se dispõe a obedecer.

Jesus deixou bem claro o motivo pelo qual se deve temer a Deus:

Não tenham medo dos que matam o corpo, mas não podem matar a alma. Antes, tenham medo daquele que pode destruir tanto a alma como o corpo no inferno. Mt 10.28 NVI

A falta de temor a Deus fez a história da humanidade ficar marcada por eventos catastróficos, por culpa da arrogância humana. Todos se lembram da grande catástrofe do Titanic. E certo homem disse: "este navio nem Deus afunda". Mesmo assim, milhares de pessoas perderam a vida porque um homem que confiou mais em si mesmo do que em Deus declarou tal coisa. Nabucodonosor foi o homem que experimentou a ira de Deus por sua falta de temor, até que este reconhecesse que Deus é soberano.

Doze meses depois, quando o rei estava andando no terraço do palácio real da Babilônia, disse: "Acaso não é esta a grande Babilônia que eu construí como capital do meu reino, com o meu enorme poder e para a glória da minha majestade?" As palavras ainda estavam nos seus lábios quando veio do céu uma voz que disse: "É isto que está decretado quanto a você, rei Nabucodonosor: Sua autoridade real lhe foi tirada. Você será expulso do meio dos homens, viverá com os animais selvagens e comerá capim como os bois. Passarão sete tempos até que admita que o Altíssimo domina sobre os reinos dos homens e os dá a quem quer". Dn 4.28-31 NVI

Ao fim daquele período, eu, Nabucodonosor, levantei os olhos ao céu, e percebi que o meu entendimento tinha voltado. Então louvei o Altíssimo; honrei e glorifiquei aquele que vive para sempre. O seu domínio é um domínio eterno; o seu reino dura de geração em geração. Todos os povos da terra são como nada diante dele. Ele age como lhe agrada com os exércitos os céus e com os habitantes da terra. Ninguém é capaz de resistir à sua mão ou dizer-lhe: "O que fizeste?" Naquele momento voltou-me o entendimento, e eu recuperei a honra, a majestade e a glória do meu reino. Meus conselheiros e os nobres me procuraram, meu trono me foi restaurado, e minha grandeza veio a ser ainda maior. Agora eu, Nabucodonosor, louvo, exalto e glorifico o Rei dos céus, porque tudo o que ele faz é certo, e todos os seus caminhos são justos. E ele tem poder para humilhar aqueles que vivem com arrogância. Dn 4.34-37 NVI

Não permita que o veneno da falta de temor encha o seu coração. Foi esse sentimento que fez Deus expulsar Satanás dos céus. A Bíblia diz que Deus resiste ao soberbo, então, que a humildade, faça parte de sua vida e de suas decisões.

Mas ele nos concede graça maior. Por isso diz a Escritura: *"Deus se opõe aos orgulhosos, mas concede graça aos humildes"*. Tg 4.6 NVI

As bênçãos de Deus se manifestam quando se faz a coisa certa

Fazer a coisa certa, ao contrário do que parece, não é fácil. Normalmente se quer fazer o que é mais fácil, ou o que aparece mais. Fazer o que é certo envolve consistência de caráter e certeza dos valores que norteiam a nossa vida.

A grande verdade é que nem sempre você será recompensado de imediato por fazer o que é certo. A determinação de fazer o que é certo não é algo que aparece para os holofotes, na verdade é o trabalho de bastidores, e na maioria das vezes não arrancará aplausos, nem atrairá elogios. O pagamento é a satisfação pessoal. Quando se começa a pensar que fazer o certo não é compensador, é sinal que o caráter está enfraquecendo, os valores morais estão começando a se perder, e o pior, os valores mudam, em vez de se ter paz com a mente livre de culpa, começa-se a ter paz somente com a satisfação pessoal, custe o que custar.

Fazer o que é certo geralmente cria indisposições porque, para fazer o que é certo, você contrariará a maioria, ninguém quer ficar como o patinho feio da história. Eu tive amigos que começaram a usar drogas pela pressão da maioria, meninas que perdem a virgindade com o primeiro que aparece pela pressão da maioria, maridos e mulheres muitas vezes traem também sob pressão da maioria, para ser respeitado, para ser visto como um ícone, como alguém que fez o que todo mundo faz. Há um ditado popular que declara o seguinte: "Toda a maioria é burra".

Eu me lembro de que muitas vezes fui criticado por alguns dos meus amigos, tachado como careta, porque não quis usar drogas. Fazer o que é certo é diferente de fazer o que é bom, porque fazer o que é certo atrai muitas vezes indisposições, enquanto fazer o que é bom atrai aplausos.

As bênçãos de Deus se manifestam quando se está no lugar certo

É interessante observar pelas histórias da Bíblia que, quando as pessoas chegavam ao lugar que era o centro do plano de Deus para aquele momento, imediatamente Deus abria os céus, e coisas fantásticas passavam a acontecer. Estar no lugar certo nem sempre significa estar em um bom lugar. O lugar certo para Abraão era Canaã, que comparado a Ur dos caldeus, era uma cidadezinha sem privilegio algum.

O lugar certo para José era o cárcere do Egito, que com certeza não é o melhor lugar do mundo para quem quer ser governador de uma nação. O lugar certo para o apóstolo Paulo era a Frígia na província da Galácia, e Deus o queria na Macedônia. É muito claro uma característica do próprio Deus para orientar cada um, e eu costumo aplicar esse princípio apresentado por Salomão em tudo o que faço.

A bênção do SENHOR traz riqueza, e não inclui dor alguma. Pv 10.22 NVI

A história da nação de Israel é marcada exatamente por esse princípio. Todas as vezes que o povo era conduzido a buscar mais a Deus, a se envolver e priorizar a sua vontade, essas ações eram marcadas por uma reação de Deus como resposta à postura assumida por seu juiz, ou rei, em conjunto com a nação.

Deus os favorecia em tudo. As chuvas chegavam no período certo, a plantação crescia e a colheita era abundante, os inimigos eram vencidos com facilidade, porém todas as vezes que a nação agia contra a vontade de Deus, e saíam da direção, buscando um lugar que não era o que Deus tinha para ela, então os céus se fechavam, a colheita era consumida por gafanhotos e os inimigos faziam do povo gato e sapato.

No Novo Testamento, o fato se repete; o próprio Jesus dá provas de que caminhar na direção certa, fazer a coisa certa e estar no lugar certo provoca uma reação divina em nosso favor.

Então, os discípulos saíram e pregaram por toda parte; e o Senhor cooperava com eles, confirmando-lhes a palavra com os sinais que a acompanhavam. Mc 16.20 NVI

É preciso avaliar ou reavaliar as ações, não como sendo, em primeiro lugar, um alvo da resistência ou não do diabo, mas, como um sinal da aprovação ou desaprovação de Deus. Se Deus em sua aprovação favorece de maneira absurdamente fantástica e inimaginável, é preciso pensar que Deus, em sua desaprovação, permitirá acontecer tudo o que não acontecia antes. Se com a aprovação de Deus você tinha vitórias incomuns, com a desaprovação de Deus você terá derrotas incomuns.

Mas os israelitas foram infiéis com relação às coisas consagradas. Acã, filho de Carmi, filho de Zinri, filho de Zerá, da tribo de Judá, apossou-se de algumas delas. E a ira do SENHOR acendeu-se contra Israel. Sucedeu que Josué enviou homens de Jericó a Ai, que fica perto de Bete-Áven, a leste de Betel, e ordenou-lhes: "Subam e espionem a região". Os homens subiram e espionaram Ai. Quando voltaram a Josué, disseram: "Não é preciso que todos avancem contra Ai. Envie uns dois ou três mil homens para atacá-la. Não canse todo o exército, pois eles são poucos". Por isso cerca de três mil homens atacaram a cidade; mas os homens de Ai os puseram em fuga, chegando a matar trinta e seis deles. Eles perseguiram os israelitas desde a porta da cidade até Sebarim, e os feriram na descida. Diante disso o povo desanimou-se completamente. Js 7.1-5 NVI

Estar em um lugar bom não significa que você está em um lugar certo, pois o centro da vontade de Deus é o melhor lugar para quem quer experimentar sua bênção. Se o lugar certo não é um lugar bom aos seus olhos, não resista sem antes saber de Deus o que ele pensa.

O que é preciso para que as bênçãos alcancem sua vida?

Não tente reinventar a roda

De novo Davi reuniu os melhores guerreiros de Israel, trinta mil ao todo. Ele e todos os que o acompanhavam partiram para Baalá, em Judá, para buscar a arca de Deus, arca sobre a qual é invocado o Nome, o nome do SENHOR dos Exércitos, que tem o seu trono entre os querubins acima dela. Puseram a arca de Deus num carroção novo e a levaram da casa de Abinadabe, na colina. Uzá e Aiô, filhos de Abinadabe, conduziam o carroção com a arca de Deus; Aiô andava na frente dela. Davi e todos os israelitas iam cantando e dançando perante o SENHOR, ao som de todo tipo de instrumentos de pinho: harpas, liras, tamborins, chocalhos e címbalos. Quando chegaram à eira de Nacom, Uzá esticou o braço e segurou a arca de Deus, porque os bois haviam tropeçado. A ira do SENHOR acendeu-se contra Uzá por seu ato de irreverência. Por isso Deus o feriu, e ele morreu ali mesmo, ao lado da arca de Deus. Davi ficou contrariado porque o SENHOR, em sua ira, havia fulminado Uzá. Até hoje aquele lugar é chamado Perez-Uzá). Naquele dia Davi teve medo do SENHOR e se perguntou: "Como vou conseguir levar a arca do SENHOR?"

Davi tinha um coração sincero diante de Deus, porém sinceridade não é, e nunca será, motivo para a quebra de princípios que Deus estabeleceu. Motivado pela sinceridade, Davi comete erros que colocam todo o seu planejamento em risco. Primeiro, ele faz algo para Deus sem conhecer sua opinião a respeito.

> *Pelo fato de vocês não terem carregado a arca na primeira vez, a ira do SENHOR, o nosso Deus, causou destruição entre nós. Nós não o tínhamos consultado sobre como proceder.* I Cr 15.13 NVI

A obra do Espírito precisa ser feita na direção do Espírito, e como filhos de Deus, não se deve caminhar simplesmente direcionados por boas ideias, mas dirigidos por uma revelação de Deus para a sua vida.

Davi tenta reinventar a maneira de fazer algo para Deus, ignorando todos os motivos porque Deus decidiu colocar sobre a responsabilidade dos levitas o transporte da arca. Hoje, existem muitas pessoas que, em vez de atrair a bênção de Deus sobre a sua vida, estão atraindo a maldição. Na desculpa que estão fazendo algo para Deus, muitos estão ignorando princípios seríssimos, princípios estes que liberam a bênção ou liberam a maldição.

O carro que foi construído não seria usado em outros transportes, pois havia a ideia de ser queimado depois da conclusão do transporte, pois foi criado como um carro santo. A intenção era boa, mais entrava em choque direto com o que Deus havia planejado.

É preciso lembrar o que se fala sobre a mente de Deus, como ele pensa sobre a palavra propósito. Deus não pensa somente em momentos, Deus vê, sente e age na linha da eternidade.

Davi reagiu como muitas pessoas hoje reagem: ficou contrariado com Deus, afinal de contas, ele estava fazendo algo para Deus, e Deus faz aquilo com ele! Crê-se estar no direito de, mesmo errado, exigir que Deus premie os erros. Ira-se com

O que é preciso para que as bênçãos alcancem sua vida?

Deus, faz-se até biquinho para Deus, como verdadeiras crianças, quando a única coisa que deveria ser feita é reconhecer que Deus não pode se comprometer com os erros que se comete, ainda que eles sejam por uma boa causa.

Deus não se compromete com a mentira em seu nome, Deus não se compromete com ações ilícitas em seu nome, Deus não se compromete com divisões em seu nome, Deus não se compromete com dogmas em seu nome. O maior desejo de Deus é que eu e você caminhemos debaixo de sua bênção, porém, Ele deixa bem claro que sua bênção se manifesta enquanto se decide fazer do seu jeito, sem criações ou reinvenções. Ele nunca motivará o erro, mas ele sempre premia a obediência. Portanto, reavalie o que você esta fazendo, e quais são as suas reais intenções, como se diz popularmente: O inferno está cheio de boas ideias. Não seja você o fortalecedor deste conceito.

Quando se promoveram as grandes cruzadas, a intenção era fazer em nome de Deus, porém, aquilo que se fazia em nome de Deus não foi pedido por Ele, além disso, quebrava-se todos os princípios de amor e misericórdia de Deus sobre o homem.

Davi caiu no mesmo erro de Saul. Foi o ato de reinventar a roda que fez Saul ser rejeitado por Deus. Quando isso aconteceu, Deus fala a Saul por meio de Samuel, algo que Davi se esqueceu de guardar em seu coração.

Samuel, porém, respondeu: "Acaso tem o SENHOR tanto prazer em holocaustos e em sacrifícios quanto em que se obedeça à sua palavra? A obediência é melhor do que o sacrifício, e a submissão é melhor do que a gordura de carneiros. Pois a rebeldia é como o pecado da feitiçaria, e a arrogância como o mal da idolatria. Assim como você rejeitou a palavra do SENHOR, ele o rejeitou como rei". I Sm 15.22-23 NVI

A única coisa que Deus exige hoje é obediência. Essa obediência ao que Deus estabeleceu automaticamente lança sobre os ombros do próprio Deus toda a responsabilidade. Quem está assumindo os riscos é Ele. Agora, quando você tenta fazer algo diferente daquilo que Deus estabeleceu, você é quem está assumindo os riscos, você está dizendo que do seu jeito é melhor, sem o direito de responsabilizar Deus, por qualquer coisa.

Entenda a que você obedece e por que você obedece

Por muitas vezes vi e ouvi pessoas fazendo considerações sobre o castigo de Uzá, uma vez que a sua intenção era boa. Essas pessoas acabam esquecendo que, quando não se entende o que e por que se obedece, corre-se o risco de fazer muito mais o errado do que o certo. A arca simbolizava a presença de Deus e, de acordo com a lei, deveria inspirar a mais profunda reverência; era transportada por meio de varais e argolas para que não tivesse de ser tocada:

... e coloque-as nas argolas laterais da arca, para que possa ser carregada. As varas permanecerão nas argolas da arca; não devem ser retiradas. Êx 25.14-15 NVI

Carregar a arca sobre os ombros representava para a nação que não podia haver manifestação da presença de Deus se não se dispusesse a carregar sua presença. Esse ato deveria ser feito com temor, santidade e principalmente consciência de quem eles estavam representando e o que eles estavam carregando. Era a arca que simbolizava a majestade do Deus Santo. E essa infinita santidade tinha de ser ensinada aos israelitas, ainda que por meio de "atos terríveis". A arca estivera na casa de Abinadabe por um período de setenta a oitenta anos. Seu filho Eleazar fora consagrado "para que guardasse a arca do Senhor" 1Sm 7.1. Uzá e Aiô seriam filhos de Abinadabe no sentido mais lato de "descendentes" - nesse caso, netos.

Tendo tido a arca em seu poder durante tanto tempo, natural seria que tivessem aprendido os sagrados regulamentos que lhe diziam respeito, e também tivessem experimentado o mesmo fato ocorrido com Obede-Edom.

A narrativa mostra, contudo, que nem eles nem Davi nem seus conselheiros atendiam a esses regulamentos, embora tivessem a cooperação de sacerdotes e levitas 1 Cr 13.1-8. A lei levítica impunha que a arca fosse transportada por levitas que, contudo, não deviam aproximar-se dela antes que os sacerdotes a cobrissem; e ao transportá-la deviam servir-se de varais para não a tocarem; quem a tocasse morreria.

Então Davi disse: "Somente os levitas poderão carregar a arca de Deus, pois para isso o SENHOR os escolheu e para ficarem sempre a seu serviço". 1 Cr 15.2 NVI

Sugere-se que tamanha negligência devesse à circunstância provável de estar Quiriate-Jearim sob a soberania dos filisteus, embora fora do seu território. Se isso verdade, o que não é certo, Saul devia ter recuperado a arca depois das suas esmagadoras vitórias sobre os filisteus. Pelo menos assim seria de esperar. Mas a arca, esse sagrado símbolo da presença de Deus, estava quase esquecida em Israel. É possível que na morte de Uzá não fossem estranhos certos fatores que, por serem conhecidos, modificariam por completo o quadro; por exemplo, o fato de toda a sua vida ter conhecido a arca, aliado à geral indiferença da comunidade perante ela, bem poderia ter gerado nele sentimentos de excessiva familiaridade.

Ao se confirmar essa ideia, foi dito que Deus abençoou a casa de Obede-Edom por causa da arca, embora esta ali ficara durante apenas três meses, ao passo que não se menciona ter Deus abençoado a casa de Abinadabe, onde a arca permanecera quase oitenta anos. O fato é muito significativo. O fato de a arca ter passado 78 anos na casa de Abinadabe, e nenhum acontecimento significativo ter se manifestado, enquanto, em apenas três meses na casa de Obede-Edom, ele e sua família prosperaram de maneira assustadora, sem precedentes. Isso tudo leva à reflexão.

Ao que tudo indica, os princípios que regiam a vida com Deus, nos 78 anos anteriores, haviam sido menosprezados, tanto por Saul quanto pela nação,

Vamos trazer de volta a arca de nosso Deus, pois não nos importamos com ela durante o reinado de Saul. I Cr 13.3 NVI

Davi queria resgatar a arca, mais antes ele precisava resgatar os princípios que estavam por trás da existência da arca.

Não adianta você obedecer cegamente algo que você não entende. Esse tipo de fé é improdutiva. Quando você obedece cegamente, faz por fazer, porém quando você tem conhecimento do que crê, sua fé se torna forte, consistente e principalmente poderosa para mudar a sua história. Jesus declara o seguinte:

Vocês estão enganados porque não conhecem as Escrituras nem o poder de Deus! Mt 22.29

A conclusão é que não se erra por crer, mas se erra quando não se sabe em que se crê nem por que se crê.

Eu ensino que a fé em si mesma não é nada, mas a fé para atuar precisa estar sustentada em alguém ou em alguma coisa. Oseias o profeta declara: "Meu povo foi destruído por falta de conhecimento". A fé não destrói ninguém, mas a falta de conhecimento para direcionar a fé sim. O maior erro que está acontecendo nesta geração é ensinar um evangelho baseado em uma nova interpretação: "faz que Deus te abençoa". Os princípios de uma vida com Deus têm sido menosprezados por muitos. As pessoas têm sido levadas a viver uma fé emocional, como se Deus fosse uma máquina de milagres, que funciona com a moeda chamada dinheiro. Se você se esquece de quem se é, a quem adora, de quem é filho e porque obedece à Sua palavra, haverá uma montanha de Uzá esperando para sepultá-lo, porque, pensando fazer a coisa certa, será morto pela quebra de princípios inegociáveis. Deus não brinca de ser Deus, sua Palavra é o seu caráter, e se ela não se cumprir, Ele não pode ser chamado de Deus.

A relva murcha e cai a sua flor, quando o vento do SENHOR sopra sobre eles; o povo não passa de relva. A relva murcha, e as flores caem, mas a palavra de nosso Deus permanece para sempre. Is 40.7-8 NVI

Não faça do seu relacionamento com Deus um monte de obrigações sem sentido para sua vida. Você deve orar não por uma imposição religiosa ou obrigação, mas porque a oração pode trazer a existência, a manifestação, e a intervenção de Deus em sua vida. É por meio da oração que você desenvolve um relacionamento com Deus.

Você não deve ler a Bíblia por costume ou imposição, porque a Bíblia é a Palavra de Deus, e por meio dela você conhece a mente de Deus e seus feitos, e isso produz fé em seu coração, e por meio da Bíblia também se conhece modelo de caráter, valores morais, familiares, sociais e principalmente espirituais. Não permita que os princípios de Deus se percam ou se tornem sem propósito em sua vida. O que você ignora hoje é o que fará falta em sua vida amanhã.

Faça da adoração a Deus parte do seu cotidiano

Davi entende que para trazer a arca de volta, a adoração deveria fazer parte constante daquele momento. Ele deixa bem claro que a nação toda havia deixado de lado não só a importância que a arca tinha na história da nação, mas tudo aquilo que girava em torno da arca.

Vamos trazer de volta a arca de nosso Deus, pois não nos importamos com ela durante o reinado de Saul. I Cr 13.3 NVI

Davi carregava uma característica singular em sua relação com Deus: o homem segundo o coração de Deus. Dos 150 salmos escritos, reconhece-se que 73 salmos são de Davi. Sua preocupação com a adoração a Deus é explícita, porque a palavra-chave nos salmos é exatamente adoração, comunhão, reconhecimento da soberania de Deus. Adorar a Deus não deve ser entendido como estilo musical, e sim como estilo de vida. Quem adora, adora em qualquer lugar, e em qualquer momento.

Bendirei o SENHOR o tempo todo"! Os meus lábios sempre o louvarão. Sl 34.1 NVI

O que é preciso para que as bênçãos alcancem sua vida?

Os motivos que me fazem reconhecer que a adoração deve fazer parte do cotidiano é que a adoração ou a falta dela provoca a ação favorável ou contrária de Deus.

- A adoração a outros deuses provoca a ira do Senhor. Jz 2.12/Sl 115
- A adoração a outros deuses desvia o homem do caminho de Deus. Jz 2.17
- Deus rejeita a adoração superficial. Mt 15.8
- A adoração a Deus faz com que Deus mude a nossa história. I Sm 1.19
- A adoração a Deus provoca a intervenção de Deus em nosso favor em momentos difíceis. At 16.25-26
- Deus só é encontrado por meio da adoração sincera. Jr 29.13-14
- Nos céus a adoração a Deus será continua. Ap 11.16
- Deus procura adoradores verdadeiros. Jo 4.24

A adoração é algo tão importante no mundo espiritual, tanto para quem a faz, quanto para quem a recebe a ponto de Satanás querer roubar de Deus o lugar da adoração.

E lhe disse: "Tudo isto te darei, se te prostrares e me adorares". Jesus lhe disse: "Retire-se, Satanás! Pois está escrito: 'Adore o Senhor, o seu Deus, e só a ele preste culto' ". Então o Diabo o deixou, e anjos vieram e o serviram. Mt 4.9-11 NVI

Veja bem. Ele quis que Jesus, em vez de adorar a Deus, ou seja, reconhecer Deus como o centro de sua vida e único caminho de bênção, colocasse-o como o centro da vida e caminho de bênção na vida de Jesus. Adoração é algo que se dá a alguém que tem qualificações ou atributos para receber, e ao mesmo tempo adoração é algo que só pode ser recebida por quem tem qualificações para receber. Os apóstolos rejeitaram adoração porque não tinham atributos de Deus para receber adoração:

E quando Pedro viu isto, disse ao povo: Varões israelitas, por que vos maravilhais disto? Ou, por que olhais tanto para nós, como se por nossa própria virtude ou santidade fizéssemos andar este homem? At 3.12 (Versão Corrigida)

Portanto, adoração é um tributo que se faz a quem se reconhece como o centro da vida e caminho de bênção. Satanás não tem qualificações para exigir ou ainda para receber adoração de quem quer que seja. Quando ele tentou receber adoração, tentou receber algo que não nasceu para receber, por isso Deus o qualifica como usurpador.

Daniel mostra que a adoração deve fazer parte constante da vida de um adorador. Três vezes ao dia Daniel orava a Deus, três vezes ao dia ele declarava Deus é Senhor é o centro da minha vida e o caminho de bênção.

Quando Daniel soube que o decreto tinha sido publicado, foi para casa, para o seu quarto, no andar de cima, onde as janelas davam para Jerusalém e ali fez o que costumava fazer: três vezes por dia ele se ajoelhava e orava, agradecendo ao seu Deus. Dn 6.10 NVI

Daniel poderia ter esperado os trinta dias passarem e depois voltar a oração, porém, se ele agisse assim, ele estaria colocando o rei no lugar de Deus. Daniel tinha consciência de que o rei não era nada mais que um canal de Deus para honrá-lo e abençoá-lo, mas o centro de sua vida e caminho de bênção era Deus. Um desafio foi estabelecido: ou ele se silenciava, e isso significava desacreditar de Deus, ou ele mantinha a adoração como parte de sua rotina, porém, com isso, correria os riscos. A fidelidade de Daniel em manter sua rotina de adoração, mesmo quando corria o risco de ser morto, criou o ambiente que Deus precisava para mostrar o que Ele faz pelos seus adoradores.

Daniel respondeu: "Ó rei, vive para sempre! O meu Deus enviou o seu anjo, que fechou a boca dos leões. Eles não me fizeram mal algum, pois fui considerado inocente à vista de Deus. Também contra ti não cometi mal algum, ó rei". O rei muito se alegrou e ordenou que tirassem Daniel da cova. Quando o tiraram da cova, viram que não havia nele nenhum ferimento, pois ele tinha confiado no seu Deus. Dn 6.21-23 NVI

Não permita que nada retire da sua vida o tempo e lugar de Deus. Sua fidelidade a Deus abrirá portas e criará caminhos, pois Deus não desampara aqueles que O colocam como o centro de sua vida e caminho de bênção. A resposta virá, e a porta se abrirá. Enquanto isso, adore ao Senhor, creia que a sua adoração é vista e recebida por ele de maneira especial.

Siga os passos de quem conhece o caminho

Então Jesus disse aos seus discípulos: "Se alguém quiser acompanhar-me, negue-se a si mesmo, tome a sua cruz e siga-me. Mt 16.24 NVI

Jesus em nenhum momento obrigou ninguém a segui-lo, porém deixa bem claro quais são as condições de quem quiser fazê-lo.

Quando Jesus comissiona seus discípulos, Ele novamente deixa algo bem claro para quem quiser segui-lo,

Quem crer e for batizado será salvo, mas quem não crer será condenado.
Mc 16.16 NVI

Em nenhum momento Jesus diz que as pessoas devem aceitar o evangelho à força, mas novamente Ele deixa bem claro a condição para quem aceita e quer segui-lo. A vida cristã não pode ser vivida sem que Jesus faça parte dela realmente. Você se declara como filho de Deus, mas na hora das decisões, decide agir de outro jeito, então não está seguindo a Jesus, mas andando à sua frente.

Acredito que a maior parte das decisões que os filhos de Deus tomam, se tivessem que passar pela aprovação de Deus, a verdade é que muito mais de 50% delas não teriam acontecido.

Jesus não fugiu do deserto quando foi conduzido pelo Espírito Santo, porque aquela era a direção de Deus para Ele naquele momento. Ele precisava passar pelo deserto, enfrentar e vencer Satanás no campo dele. O deserto era o lugar de confronto, lugar onde Jesus teria sua determinação provada no máximo de seu limite, por isso Satanás o desafiou a transformar as pedras em pães. No deserto era o lugar onde Jesus teria o seu ego provado, por isso Satanás o desafiou a se lançar do alto do monte para ser amparado pelos anjos, e ainda no deserto foi o lugar onde Jesus foi provado em sua consciência como adorador. Satanás queria que Jesus o reconhecesse no lugar de Deus. Jesus venceu o diabo nos quarenta dias de tentação no deserto, e quando Ele saiu, estava pronto para realizar o que Deus queria que ele realizasse, por isso Jesus declarou:

O que é preciso para que as bênçãos alcancem sua vida?

Eu lhes disse essas coisas para que em mim vocês tenham paz. Neste mundo vocês terão aflições; contudo, tenham ânimo! Eu venci o mundo.
Jo 16.33 NVI

Jesus venceu o mundo e conhece o caminho, não o caminho mais fácil, mas o melhor caminho para a vitória. Quando falo que Jesus venceu o mundo, Ele venceu o que existe no mundo e faz o homem se desviar da vontade de Deus - o estresse, a ansiedade, o medo, a raiva, o ódio, a falta de perspectiva... Jesus venceu todas essas coisas sem precisar se isolar do mundo. Portanto ele é o modelo a ser seguido, ele priorizou as coisas certas, não desviou a rota em nenhum momento, e o principal, fez tudo isso entendendo que dependia do Pai. Quantas pessoas você conhece que estão perdidas em meio ao estresse, à ansiedade, ao medo, à raiva, ao ódio, à falta de perspectiva? Perderam a direção e se perderam em si mesmas. Jesus venceu o mundo, porque Ele trouxe uma nova maneira de interagir com os sentimentos e as adversidades da vida. Jesus enfrentou o mundo como homem não como Deus, e diante da pressão, por saber que o momento de sua morte estava próxima, ele sentiu medo e solidão, porém Ele controla esses sentimentos e vence por meio da oração.

Então Jesus foi com seus discípulos para um lugar chamado Getsêmani e lhes disse: "Sentem-se aqui enquanto vou ali orar". Levando consigo Pedro e os dois filhos de Zebedeu, começou a entristecer-se e a angustiar-se. Disse-lhes então: "A minha alma está profundamente triste, numa tristeza mortal. Fiquem aqui e vigiem comigo". Indo um pouco mais adiante, prostrou-se com o rosto em terra e orou: "Meu Pai, se for possível, afasta de mim este cálice; contudo, não seja como eu quero, mas sim como tu queres". Depois, voltou aos seus discípulos e os encontrou dormindo. "Vocês não puderam vigiar comigo nem por uma hora?", perguntou ele a Pedro. "Vigiem e orem para que não caiam em tentação. O espírito está pronto, mas a carne é fraca." E retirou-se outra vez para orar: "Meu Pai, se não for possível afastar de mim este cálice sem que eu o beba, faça-se a tua vontade". Mt 26.36-42 NVI

Os milagres de Jesus foram antecipados por longos períodos de oração. Entendo que nesses momentos, Ele, por meio da oração, afastava o medo, a ansiedade, a dúvida e a pressão espiritual que constantemente sofria, e se mantinha focado na vontade e na direção de Deus para a sua vida. Geralmente, quando se passa por momentos difíceis, a oração foca livrar-se do problema. Jesus agia diferente: Ele buscava a vontade de Deus em meio a crise. Sempre fica mais fácil quando se busca a vontade de Deus em primeiro lugar.

Davi, no salmo 23, declara:

Mesmo quando eu andar por um vale de trevas e morte, não temerei perigo algum, pois tu estás comigo; a tua vara e o teu cajado me protegem.

É melhor passar por momentos difíceis acompanhado por Deus, do que passar momentos difíceis sozinho. Jesus foi bem claro: "Neste mundo vocês terão aflições". Ser cristão não livra você do problema, mas, com certeza, sempre mostra um caminho seguro para sair dele.

Não ande na contramão da direção de Deus, pois acidentes horríveis podem acontecer. Imagine você em uma rodovia na contramão, e em sua direção um grande caminhão? Quem anda na contramão da direção de Deus corre o risco de trombar com um caminhão carregado.

O que é preciso para que as bênçãos alcancem sua vida?

Não permita que nada roube a atenção do caminho

O diabo tem conseguido uma nova maneira de fazer as pessoas que buscam a Deus desacreditarem que Deus quer o melhor para elas, e a consequência disso são milhões de pessoas infelizes em sua experiência com Deus. A sua nova ferramenta para impedir que se desfrute o melhor de Deus em sua vida chama-se excesso, excesso de trabalho, excesso de problemas, excesso de tudo. Eu sou como a maioria das pessoas que conheço, quando empenhado em uma coisa, esqueço-me de observar o que está acontecendo a minha volta.

Por meio da estratégia do excesso, muitas vezes Satanás conseguiu me cegar, tirar-me do caminho. Com isso, motivou-me à perdição, pela pressão de ter que tomar decisões rápidas em problemas que surgiam repentinamente, e a cada momento que me mexia e a bola de neve aumentava. Cada vez mais diminuía o tempo de Deus em minha vida, para colocar no lugar um novo problema, para pensar em uma nova decisão que tinha que tomar. "Na minha concepção" eu não poderia perder tempo, e a consequência de cada decisão errada que tomei é que perdi meses da minha vida tentando consertar os estragos de uma decisão errada, quando tudo poderia ter sido evitado se eu não tivesse tirado o lugar de Deus e entregue às pressões da vida.

Analise o que vou colocar agora com muita calma e sem resistência. O diabo, conhecendo seu ativismo exacerbado, enche você de tarefas e funções desnecessárias. Em sua mente isso significa sucesso e oportunidade, e para o diabo você está se enterrando em uma coisa da qual não precisa, e com isso ele consegue êxito em sua tarefa: colocar Deus em segundo plano. Quando chega essa hora, parece que a fé fica escassa, que Deus está distante e não quer ajudar, quando, na verdade, é nesse momento que se percebe que o inimigo embriagou você de si mesmo, e mais uma vez se cai em sua cilada.

Sede sóbrios; vigiai; porque o diabo, vosso adversário, anda em derredor, bramando como leão, buscando a quem possa tragar. I Pd 5.8 (Corrigida)

Portanto, é necessário examinar se o que se tem recebido como bênção em sua vida é realmente bênção, se tem feito você sofrer, se tem feito você regredir, ou ainda roubado o tempo de Deus em sua vida. Se for assim, então não foi Deus quem deu, pois Deus não é incoerente em suas decisões. As dificuldades fazem parte da vida, porém o sofrimento é um desajuste de funcionamento. Deus não lhe dará algo hoje que o desajuste amanhã. A bênção de Deus vem para fazer pessoas melhores, filhos melhores, pais melhores, patrões e empregados melhores. A bênção vem para promover qualidade de vida, nunca contrário.

A bênção do SENHOR traz riqueza, e não inclui dor alguma. Pv 10.22 NVI

Seja um relacionamento, seja novos amigos, seja um emprego, seja um bem, enfim, tudo o que vem de Deus vem com o propósito de equilibrar, tornando a vida qualitativa, e não quantitativa. Será que o diabo conseguiu cegar você, o assoberbando de funções, de trabalhos, de eventos, de festas, de consumismo, de maneira que você se perdeu em você mesmo, de maneira que você não consegue encontrar o caminho para Deus e reconhecer que o que falta em sua vida é o lugar de Deus?

Entendi que Deus não me abençoa porque faço muitas coisas ao mesmo tempo, porém Deus me abençoa quando faço sua vontade, quando me entrego por inteiro aos seus caminhos. Às vezes, se é levado a acreditar que o acúmulo de trabalhos e funções é algo dado por Deus, e se esquece que Deus espera apenas que se faça o que ele quer.

Marta, porém, estava ocupada com muito serviço. E, aproximando-se dele, perguntou: "Senhor, não te importas que minha irmã tenha me deixado sozinha com o serviço? Dize-lhe que me ajude!" Respondeu o Senhor: "Marta! Marta! Você está preocupada e inquieta com muitas coisas; todavia apenas uma é necessária. Maria escolheu a boa parte, e esta não lhe será tirada". Lc 10.40-42 NVI

As prioridades erradas geram motivações e uma visão distorcida da situação.

Ela queria que sua irmã não aproveitasse um momento incomum, porém não era sempre que elas teriam Jesus ensinando em sua casa, então Maria entende que não poderia se ocupar com funções, o tempo que deveria ser dedicado em aprender algo fundamental.

Às vezes, perde-se a oportunidade de aprender sentenças, que podem mudar a sua vida significativamente porque se está ocupado demais para ouvir e entender. Há quanto tempo você não tem tempo de ler um bom livro? Há quanto tempo você não tem tempo de parar para ouvir um conselho, uma palavra de incentivo ou até mesmo um puxão de orelha? Há quanto tempo você não tem tempo para resgatar o tempo da família?

Não seja tolo de esperar que as circunstâncias o levem ao nível do insuportável para tentar encontrar o tempo e o espaço de Deus em sua vida. Se você for complacente, esperando que as coisas se amenizem para encontrar tempo, você permanecerá escravo da situação para sempre.

O que é preciso para que, uma vez abençoado, a bênção permaneça?

Primeiro Passo
Entender que Deus só pode guardar pessoas que não vivem em pecado

Sabemos que todo aquele que é nascido de Deus não está no pecado; aquele que nasceu de Deus o protege, e o Maligno não o atinge. I Jo 5.18 NVI

Errar é humano, todos sabem. Em um algum momento da vida, todos erram, porém o erro esporádico é muito diferente do erro habitual. A maneira que Deus vê o erro esporádico e o erro habitual, que aparentemente são iguais, é diferente, por causa da forma como acontecem; enquanto um acontece pelo deslize, o outro acontece porque há desejo, empenho, dolo. O erro não pode se tornar algo comum, porque o que é comum é aquilo que não provoca indiferença e se tornou banal. João declara que a natureza daqueles que se chamam filhos de Deus não aceita compactuar com o que representa, direta ou indiretamente, o pecado. O estilo de vida de um filho de Deus sempre caminha em direção do que é honesto, saudável, transparente, correto.

O filho de Deus tem consciência das consequências do pecado. É possível comparar as consequências do pecado com as consequências da infidelidade; a partir do momento que alguém se torna infiel, a outra parte tem o direito de estar completamente livre de qualquer nível de comprometimento.

Deus não pode estar comprometido com pessoas que vivem no pecado e para o pecado, porque da mesma maneira que quem vive um estilo de vida em santidade, vive para o Senhor, e quem vive em pecado, vive para o diabo. Deus só pode se comprometer com pessoas que estão dispostas em se comprometerem com Ele.

Isso me faz lembrar a história, de um pastor amigo meu que subiu um morro do Rio de Janeiro para evangelizar, e chegando lá, ministrou para os traficantes sobre a salvação em Cristo. Na despedida eles pediram para que o pastor ungisse suas armas para que Deus os abençoasse e os protegesse.

Deus não pode e não vai motivar ninguém a fazer a coisa errada, pois o erro sempre aproxima o homem do diabo e o distancia de Deus. A proposta de Jesus é que se o homem estiver disposto a abandonar o reino do diabo, e fizer a coisa certa, Deus pode e vai abençoá-lo, destruindo todas as ações do diabo contra o filho de Deus.

Aquele que pratica o pecado é do Diabo, porque o Diabo vem pecando desde o princípio. Para isso o Filho de Deus se manifestou: para destruir as obras do Diabo. I Jo 3.8 NVI

O pecado provoca uma separação entre Deus e o homem, e a partir desse momento, o homem se torna vulnerável aos ataques de Satanás, que tem a única função de destruir tudo o que representa direta ou indiretamente a Deus.

O que é preciso para que, uma vez abençoado, a bênção permaneça?

Pois todos pecaram e estão destituídos da glória de Deus. Rm 3.23 NVI

O ladrão vem apenas para roubar, matar e destruir; eu vim para que tenham vida, e a tenham plenamente. Jo 10.10 NVI

É preciso decidir com quem se está comprometido, pois Jesus deixou bem claro que não se pode servir a dois senhores. Alguém se sentirá ofendido, e com certeza se empenhará mais tempo e atenção a um do que ao outro; é por esse motivo que muitas vezes não podem exigir que Deus tenha pressa em responder, ou em agir em sua vida.

Nenhum servo pode servir a dois senhores; pois odiará um e amará outro, ou se dedicará a um e desprezará outro. Vocês não podem servir a Deus e ao Dinheiro. Lc 16.13 NVI

Todas as vezes que calamidades aconteciam ao povo de Israel, Deus sempre os confrontou dizendo, considerai o vosso caminho, ou seja, vejam para onde o caminho que vocês escolheram levaram vocês:

Agora, assim diz o SENHOR dos Exércitos: "Vejam aonde os seus caminhos os levaram. Vocês têm plantado muito, e colhido pouco. Vocês comem, mas não se fartam. Bebem, mas não se satisfazem. Vestem-se, mas não se aquecem. Aquele que recebe salário, recebe-o para colocá-lo numa bolsa furada". Assim diz o SENHOR dos Exércitos: "Vejam aonde os seus caminhos os levaram! Ag 1.5-7 NVI

O pecado não é simplesmente errar o alvo, mas vai além. O pecado é principalmente a quebra dos princípios estabelecidos por Deus em sua Palavra, é por isso que Jesus declarou que se errava por não conhecer as escrituras.

Jesus respondeu: "Vocês estão enganados porque não conhecem as Escrituras nem o poder de Deus!" Mt 22.29

Todo aquele que pratica o pecado transgride a Lei; de fato, o pecado é a transgressão da Lei. I Jo 3.4 NVI

Quanto menos se conhece, mais se erra, quanto menos se conhece, mais o inimigo se aproveita para agir na vida de cada um.

Quando não se tem conhecimento dos direitos, menos se tem acesso a eles.

Quando Jesus conta a parábola do filho pródigo, o filho mais velho questiona o Pai por nunca haver lhe dado um bezerro cevado, para que ele e seus amigos pudessem celebrar. A resposta do pai é a seguinte:

Disse o pai: "Meu filho, você está sempre comigo, e tudo o que tenho é seu". Lc 15.31 NVI

Ele tinha um direito que não usava, o que me leva a crer que ele não tinha consciência para ter liberdade; quando não se sabe o que se tem, não se tem liberdade para usar.

Muitos cristãos vivem à mercê das circunstâncias, porque não conhecem os direitos conquistados por Cristo na cruz, vivem como se a única coisa que tivessem direito por meio de Jesus fosse a salvação. Quando na verdade o que Jesus ensinou foi o seguinte:

E todos os que tiverem deixado casas, irmãos, irmãs, pai, mãe, filhos ou campos, por minha causa, receberão cem vezes mais e herdarão a vida eterna. Mt 19.29 NVI

O que é preciso para que, uma vez abençoado, a bênção permaneça?

Aquilo de que mais se precisa neste momento da história da igreja não são novos modismos e movimentos, mas o se voltar para as escrituras, pois toda revelação e informação de que se precisa para não errar e triunfar sobre Satanás estão na palavra de Deus. Quando se pratica a Palavra de Deus, as brechas se fecham, e é nesse momento que Deus encontra condições para abençoar e guardar a vida dos seus filhos dos ataques de Satanás.

Portanto, quem ouve estas minhas palavras e as pratica é como um homem prudente que construiu a sua casa sobre a rocha. Caiu a chuva, transbordaram os rios, sopraram os ventos e deram contra aquela casa, e ela não caiu, porque tinha seus alicerces na rocha. Mas quem ouve estas minhas palavras e não as pratica é como um insensato que construiu a sua casa sobre a areia. Caiu a chuva, transbordaram os rios, sopraram os ventos e deram contra aquela casa, e ela caiu. E foi grande a sua queda. Mt 7.24-27 NVI.

Segundo Passo
Andar como Jesus andou atrai a mesma atmosfera que Ele viveu

Aquele que afirma que permanece nele deve andar como ele andou. I Jo 2.6 NVI

Não existe modelo mais infalível do que caminhar debaixo da bênção de Deus com Jesus. Todas as ações de Jesus foram coroadas com sucesso, portanto Jesus é prova viva de que, uma vez abençoado, a bênção pode permanecer conosco até a morte. Para entender como Jesus caminhou e o que Ele fez para que a bênção de Deus potencializasse suas ações, observe o seguinte. O que Cristo realizou só foi possível porque Ele estava em completa conformidade com a vontade do Pai; suas decisões e suas ações sempre estavam conectadas ao querer de Deus para cada momento. Isso fez de Jesus bem-sucedido, de forma que se tornou um modelo inquestionável da bênção de Deus.

Os princípios que nortearam a vida do Cristo

Primeiro princípio - A visão do reino é mais importante que a visão da religião.

Ele dizia: *"Arrependam-se, pois o Reino dos céus está próximo"*. Mt 3.2

Busquem, pois, em primeiro lugar o Reino de Deus e a sua justiça, e todas essas coisas lhes serão acrescentadas. Mt 6.33 NVI

Tentam de todas as maneiras descredenciar Jesus, e a tese mais usada hoje é que Jesus era essênio, uma religião exclusivista de sua época, cujo significado é "os filhos da luz". Bom, se Jesus era essênio, por que Ele não defende a doutrina da sua religião como certa? Por que Ele não defende a fundação de várias denominações que guardem a tradição dos essênios? Jesus nunca defendeu o sistema religioso de sua época, antes condenou toda a sistemática religiosa de seus dias. Jesus entendeu que o sistema religioso de sua época havia descentralizado o próprio Deus e se sustentava em rituais e tradições religiosas. Em toda mensagem ministrada, Ele apresentava a centralidade do reino de Deus, e essa sim era a mensagem principal de Jesus.

O reino não limita o ser humano em sua relação com Deus. Na verdade, o foco principal da mensagem do reino é o resgate da relação pessoal entre Deus e o homem, tornando o homem não um escravo ou um servo e sim um amigo de Deus.

O que é preciso para que, uma vez abençoado, a bênção permaneça?

Vocês serão meus amigos, se fizerem o que eu lhes ordeno. Já não os chamo servos, porque o servo não sabe o que o seu senhor faz. Em vez disso, eu os tenho chamado amigos, porque tudo o que ouvi de meu Pai eu lhes tornei conhecido. Jo 15.14-15 NVI

A visão da religião ensina que o homem só pode ter privilégios no céu; a visão do reino ensina que o homem nasceu para governar a Terra.

Os mais altos céus pertencem ao SENHOR, mas a terra ele a confiou ao homem. Sl 115.16 NVI

E todos os que tiverem deixado casas, irmãos, irmãs, pai, mãe, filhos ou campos, por minha causa, receberão cem vezes mais e herdarão a vida eterna. Mt 19.29

A visão do reino restabelece a autoridade do homem na Terra, porque Deus criou o homem e entregou a Terra para que ele a governasse. A partir do momento que o homem peca, ele perde o direito de governo para Satanás.

Então disse Deus: "Façamos o homem à nossa imagem, conforme a nossa semelhança. Domine ele sobre os peixes do mar, sobre as aves do céu, sobre os grandes animais de toda a terra e sobre todos os pequenos animais que se movem rente ao chão". Criou Deus o homem à sua imagem, à imagem de Deus o criou; homem e mulher os criou. Deus os abençoou, e lhes disse: "Sejam férteis e multipliquem-se! Encham e subjuguem a terra! Dominem sobre os peixes do mar, sobre as aves do céu e sobre todos os animais que se movem pela terra". Gn 1.26-28

Depois, o Diabo o levou a um monte muito alto e mostrou-lhe todos os reinos do mundo e o seu esplendor. E lhe disse: "Tudo isto te darei, se te prostrares e me adorares". Mt 4. 8-9 NVI

Observe que Satanás disse para Jesus que se Ele o adorasse, ele lhe entregaria, ou seja, devolveria todos os reinos do mundo sem qualquer oposição. Jesus entende que o reino, para voltar a ser seu, para que ele pudesse dar a quem quiser, deveria ser conquistado.

Então, Jesus aproximou-se deles e disse: "Foi-me dada toda a autoridade nos céus e na terra." Mt 28.18 NVI

Por que Jesus priorizava a mensagem do Reino?

A visão do reino não visa à aparência.

As roupas de João eram feitas de pelos de camelo, e ele usava um cinto de couro na cintura. O seu alimento era gafanhotos e mel silvestre. Mt 3.4

Ai de vocês, mestres da lei e fariseus, hipócritas! Vocês limpam o exterior do copo e do prato, mas por dentro eles estão cheios de ganância e cobiça. Fariseu cego! Limpe primeiro o interior do copo e do prato, para que o exterior também fique limpo. Ai de vocês, mestres da lei e fariseus, hipócritas! Vocês são como sepulcros caiados: bonitos por fora, mas por dentro estão cheios de ossos e de todo tipo de imundície. Mt 23.25-27

João Batista foi antecessor de Jesus em relação à mensagem do Reino de Deus, antes de João Batista, a mensagem mais usada era sobre tradições e costumes religiosos. A mensagem ministrada pelas principais religiões da época enfatizava a

O que é preciso para que, uma vez abençoado, a bênção permaneça?

aparência no exterior, não no interior. João Batista não tinha uma boa aparência, sua imagem era rústica, até mesmo um tanto ultrapassada para os seus dias, mas a sua mensagem tinha um único foco: "É necessário que ele cresça e que eu diminua".

Somente uma pessoa deveria aparecer; somente uma pessoa deveria ser notada, e este era Jesus. João confrontou várias vezes seus visitantes, porque queriam fingir um estereotipo de transformação:

Quando viu que muitos fariseus e saduceus vinham para onde ele estava batizando, disse-lhes: "Raça de víboras! Quem lhes deu a ideia de fugir da ira que se aproxima? Deem fruto que mostre o arrependimento!" Mt 3.7-8 NVI

A mensagem do reino não olha a cor da pele, não vê posição social, não está pautada no que o ser humano é em si mesmo. A mensagem do reino coloca todos em uma única posição, e está centralizada na restauração que Cristo veio trazer ao ser humano.

Todavia, Deus, que é rico em misericórdia, pelo grande amor com que nos amou, deu-nos vida com Cristo, quando ainda estávamos mortos em transgressões - pela graça vocês são salvos. Deus nos ressuscitou com Cristo e com ele nos fez assentar nos lugares celestiais em Cristo Jesus, para mostrar, nas eras que hão de vir, a incomparável riqueza de sua graça, demonstrada em sua bondade para conosco em Cristo Jesus. Ef 2.4-7 NVI

Jesus em sua mensagem nunca deu qualquer tipo de ênfase ao exterior do homem; na verdade, Jesus afirma que o que precisa de transformação é o interior não o exterior.

"Não percebem que o que entra pela boca vai para o estômago e mais tarde é expelido? Mas as coisas que saem da boca vêm do coração, e são essas que tornam o homem 'impuro'. Pois do coração saem os maus pensamentos, os homicídios, os adultérios, as imoralidades sexuais, os roubos, os falsos testemunhos e as calúnias. Essas coisas tornam o homem 'impuro'; mas o comer sem lavar as mãos não o torna 'impuro'." Mt 15.17-20 NVI

A visão do reino traz o mesmo princípio a todos

A ele vinha gente de Jerusalém, de toda a Judeia e de toda a região ao redor do Jordão. Confessando os seus pecados, eram batizados por ele no rio Jordão. Mt 3.5-6 NVI

João Batista entendia que não há privilegiados no reino de Deus, não há acepção de pessoas. No reino de Deus, o negro tem o mesmo grau de importância que o branco; o rico é pecador como o pobre. Todos confessavam os seus pecados publicamente, todos eram batizados no mesmo lugar, ninguém desfrutava de nenhum privilégio por morar em mansões. No reino de Deus a prioridade não é de quem tem posição privilegiada na sociedade, ou na vida política, mas de quem se submete ao Rei. A obediência no reino é que coloca uma pessoa em posição de privilégio.

Digo-lhes a verdade: Entre os nascidos de mulher não surgiu ninguém maior do que João Batista; todavia, o menor no Reino dos céus é maior do que ele. Mt 11.11 NVI

O reino centraliza a relação pessoal com Deus, e a religião centraliza a relação com Deus por meio de costumes e tradições.

O que é preciso para que, uma vez abençoado, a bênção permaneça?

Busquem, pois, em primeiro lugar o Reino de Deus e a sua justiça, e todas essas coisas lhes serão acrescentadas. Mt 6.33

Ai de vocês, mestres da lei e fariseus, hipócritas! Vocês fecham o Reino dos céus diante dos homens! Vocês mesmos não entram, nem deixam entrar aqueles que gostariam de fazê-lo. Ai de vocês, mestres da lei e fariseus, hipócritas! Vocês devoram as casas das viúvas e, para disfarçar, fazem longas orações. Por isso serão castigados mais severamente. Ai de vocês, mestres da lei e fariseus, hipócritas, porque percorrem terra e mar para fazer um convertido e, quando conseguem, vocês o tornam duas vezes mais filho do inferno do que vocês. Mt 23.13-15

Há vinte anos confessei Jesus como salvador e fui batizado. Durante esses vinte anos de vida cristã, muitos momentos para mim foram terrivelmente cansativos, principalmente quando eu não seguia os padrões de vestimenta que o evangelho da minha época vivia. Lembro que quando me converti não usava mais shorts ou bermuda porque era indigno, e Deus não me usaria daquela maneira. Passei então a viver 24 horas de calça e camisa de mangas compridas. Então, as pessoas em minha família muitas vezes diziam se isso era ser cristão, não queriam ser assim.

Por muito tempo eu acreditei naquele estilo de vida, porém comecei a perceber que em vez de atrair as pessoas para perto de mim, eu as afastava. Eu só tinha perto as pessoas que se vestiam como eu me vestia, e o número de pessoas era muito pequeno. Essa visão de evangelho, que faz de tudo para alcançar uma vida e depois joga um jugo extremamente pesado para que ela carregue, tem feito muitas pessoas desistirem do evangelho ou viverem no evangelho frustradas. E só não saem porque foram doutrinadas por meio do medo. O que predomina na mente dessas pessoas é a imagem de um Deus tão severo, que a palavra felicidade parece estar excluída de suas vidas, então, desistiram de viver, desistiram de conquistar, desistiram de sonhar, pois a única coisa que elas têm em mente é o céu. Salvação é graça, favor imerecido, é o sacrifício de Cristo na cruz que garantiu salvação. Você não está salvo por ser um religioso.

Todavia, Deus, que é rico em misericórdia, pelo grande amor com que nos amou, deu-nos vida com Cristo, quando ainda estávamos mortos em transgressões - pela graça vocês são salvos. Pois vocês são salvos pela graça, por meio da fé, e isto não vem de vocês, é dom de Deus. Ef 2.4-5,8 NVI

Antes de Jesus se manifestar, a relação do homem com Deus era proporcionada pelos sacerdotes, que entravam em cena com suas roupas e seus apetrechos. Era preciso o sacerdote chegar carregando as doze pedras representando as doze tribos, o incensário, para que o povo reconhecesse a presença de Deus. Jesus veio e disse a partir de agora será diferente. Onde for invocado o meu nome, eu me manifestarei, isso é relação pessoal, não depende de mais nada agora, somente do tamanho da sua sede e da sua fome de Deus.

Intimidade depende de paixão, busca e desejo. Salvação não garante intimidade com Deus, mas intimidade com Deus garante salvação. O motivo é que intimidade é fruto de uma relação pessoal profunda, ninguém é íntimo de alguém desconhecido, ninguém se apaixona por alguém que não conhece. Lance fora todas as informações de relacionamento com Deus por meio de rituais. Deus quer que você o conheça.

Pois onde se reunirem dois ou três em meu nome, ali eu estou no meio deles. Mt 18.20 NVI

A relação com Deus proposta pela religião está sustentada na guarda de tradições, que quase sempre distorcem ou passam

O que é preciso para que, uma vez abençoado, a bênção permaneça?

por cima da Palavra de Deus, colocando-se numa condição de rebeldia.

Então alguns fariseus e mestres da lei, vindos de Jerusalém, foram a Jesus e perguntaram: "Por que os seus discípulos transgridem a tradição dos líderes religiosos? Pois não lavam as mãos antes de comer!" Respondeu Jesus: "E por que vocês transgridem o mandamento de Deus por causa da tradição de vocês? Pois Deus disse: 'Honra teu pai e tua mãe' e 'Quem amaldiçoar seu pai ou sua mãe terá que ser executado'. Mas vocês afirmam que se alguém disser a seu pai ou a sua mãe: 'Qualquer ajuda que vocês poderiam receber de mim é uma oferta dedicada a Deus', ele não está mais obrigado a 'honrar seu pai' dessa forma. Assim, por causa da sua tradição, vocês anulam a palavra de Deus. Mt 15.1-6 NVI

Segundo princípio - Jesus se submeteu aos princípios de autoridade

Respondeu Jesus: "Deixe assim por enquanto; convém que assim façamos, para cumprir toda a justiça". E João concordou. Mt 3.15

Jesus jamais quebrou um princípio de autoridade. Ele não poderia cumprir seu ministério sem antes se submeter ao ministério de João Batista. Jesus foi pastoreado por João. O motivo: João era embaixador do reino, e se Jesus não se submetesse ao ministério de João, Ele colocaria em xeque tudo o que João tinha feito até ali, desvalorizando e descredenciando o ministério de João. Quando Ele chega para ser batizado, João reconhece sua autoridade, tanto que não queria batizá-lo:

João, porém, tentou impedi-lo, dizendo: "Eu preciso ser batizado por ti, e tu vens a mim?"

Jesus deu o maior exemplo que ele poderia dar ao se submeter a João Batista, e ele dá o seguinte exemplo: você só tem a autoridade que respeita. João era inferior a Ele, tanto é, que o próprio João reconheceu. No entanto, João representava o reino antes de Jesus, e Jesus reconhece a autoridade do seu ministério se subordinando a ele no batismo. Quando Pilatos estava decidindo sobre a crucificação Jesus, Jesus mostra porque ele respeitava o princípio de autoridade.

"Você se nega a falar comigo?", disse Pilatos. "Não sabe que eu tenho autoridade para libertá-lo e para crucificá-lo?" Jesus respondeu: "Não terias nenhuma autoridade sobre mim, se esta não te fosse dada de cima. Por isso, aquele que me entregou a ti é culpado de um pecado maior". Jo 19.10-11 NVI

Jesus reconhece que quem tem autoridade, tem porque Deus o permitiu ter, independentemente da pessoa ser ou não cristã. Autoridade para governo é algo que vem de Deus. Nabucodonosor não servia a Deus, mesmo assim Deus deu a ele autoridade para conquistar, e quando ele se rebelou contra esse princípio, Deus mostrou a ele quem manda.

Falou o rei, e disse: Não é esta a grande Babilônia que eu edifiquei para a casa real, com a força do meu poder, e para glória da minha magnificência? Mas ao fim daqueles dias eu, Nabucodonosor, levantei os meus olhos ao céu, e tornou-me a vir o meu entendimento, e eu bendisse o Altíssimo, e louvei, e glorifiquei ao que vive para sempre, cujo domínio é um domínio sempiterno, é cujo reino é de geração em geração. E todos os moradores da terra são reputados em nada; e segundo a sua vontade ele opera com o exército do céu e os moradores da terra, não há quem possa estorvar a sua mão, e lhe diga: Que fazes? No mesmo tempo me tornou a vir o meu entendimento, e para a dignidade do meu reino tornou-me a vir

O que é preciso para que, uma vez abençoado, a bênção permaneça?

a minha majestade e o meu resplendor; e me buscaram os meus capitães e os meus grandes; e fui restabelecido no meu reino, e a minha glória foi aumentada. Agora pois eu, Nabucodonozor, louvo e exalto, e glorifico o Rei do céu; porque todas as suas obras são verdade e os seus caminhos são justos, e pode humilhar aos que andam na soberba. Dn 4.30,34-37 NVI

Quando se resiste à autoridade, resiste-se ao próprio Deus, pois é impossível atrair alguém a quem não se obedece. A lei da semeadura indica que sempre haverá uma colheita em direção daquilo que se semeia, independentemente de essa semente ser física ou figurada.

Os resultados que você tem obtido são respostas das suas sementes plantadas por meio de palavras, ações, relacionamentos ou falta deles. Você atrai o princípio a que você obedece.

Todos devem sujeitar-se às autoridades governamentais, pois não há autoridade que não venha de Deus; as autoridades que existem foram por ele estabelecidas. Portanto, aquele que se rebela contra a autoridade está se colocando contra o que Deus instituiu, e aqueles que assim procedem trazem condenação sobre si mesmos. Rm 12.1-2 NVI

Quando se tenta quebrar princípios vive enganado

Quando viu que muitos fariseus e saduceus vinham para onde ele estava batizando, disse-lhes: "Raça de víboras! Quem lhes deu a ideia de fugir da ira que se aproxima? Deem fruto que mostre o arrependimento! Não pensem que vocês podem dizer a si mesmos: 'Abraão é nosso pai'. Pois eu lhes digo que destas pedras Deus pode fazer surgir filhos a Abraão." Mt 3.7-9 NVI

A principal deturpação que a religião dos fariseus trazia naqueles dias era que todos, por se verem como descendentes de Abraão, sentiam-se privilegiados, enquanto o batismo de João era pautado em arrependimento, deveria haver reconhecimento de culpa. A religião os cegava e os tornavam pessoas inchadas, a ponto de não reconhecerem suas mazelas, e sendo completamente necessitados, comportavam-se como pessoas privilegiadas, tamanha sua cegueira. João Batista ensinava que as palavras devem acompanhar as ações.

Não adianta você dizer para todo mundo que é filho de Deus e não se comportar como tal. Se suas palavras não acompanham suas ações, você é um tolo, e está brincando de se enganar. Era exatamente o que os fariseus faziam: enchiam o peito para dizer que eram filhos de Abraão, mas suas ações não caminhavam na mesma direção. João Batista ensinava que quando os princípios são declarados, mas não são vividos, estes depõem contra nós mesmos.

O machado já está posto à raiz das árvores, e toda árvore que não der bom fruto será cortada e lançada ao fogo. Mt 3.10 NVI

Acredito que a maior surpresa do mundo acontecerá quando milhões de pessoas forem surpreendidas no arrebatamento, e por não terem sido arrebatadas, serão surpreendidas pela desaprovação divina, e então descobrirão que suas vidas eram uma farsa. Não é pelo fato de chamar a Deus de Senhor que se passará para a eternidade com Ele, mas sim pelo fato de fazer Sua vontade. Como disse João Batista:

Pois eu lhes digo que destas pedras Deus pode fazer surgir filhos.

O que é preciso para que, uma vez abençoado, a bênção permaneça?

Nem todo aquele que me diz: 'Senhor, Senhor', entrará no Reino dos céus, mas apenas aquele que faz a vontade de meu Pai que está nos céus. Mt 7.21

Terceiro princípio - Ser conduzido pelo Espírito Santo

Então Jesus foi levado pelo Espírito ao deserto, para ser tentado pelo diabo. Mt 4.1 NVI

O Espírito Santo conduziu Jesus para um lugar de luta, porém uma luta necessária, sem se impor contra Satanás, Jesus não poderia começar seu ministério, afinal de contas, o principal motivo da vinda de Jesus à Terra foi para destronar o diabo. Jesus disse que não se pode entrar numa casa sem que antes se amarre o dono.

Para isso o Filho de Deus se manifestou: para destruir as obras do Diabo. I Jo 3.8b NVI

Estar debaixo da direção do Espírito Santo, em alguns momentos significa ser conduzido para o lugar da batalha. Deus não é incoerente, e Ele não pode deixar que você entre em novas batalhas sem antes você vencer as antigas. O Espírito Santo nunca conduz você a batalhas desnecessárias. Deus jamais dirigiu uma pessoa em direção a um campo de batalha sem antes capacitá-la para o sucesso. Foi assim com Davi. Antes que ele enfrentasse o gigante, Deus já o havia capacitado, portanto quem enviou Davi para aquele campo de batalha foi o próprio Deus.

Davi, entretanto, disse a Saul: "Teu servo toma conta das ovelhas de seu pai. Quando aparece um leão ou um urso e leva uma ovelha do reban-

ho, eu vou atrás dele, dou-lhe golpes e livro a ovelha de sua boca. Quando se vira contra mim, eu o pego pela juba e lhe dou golpes até matá-lo. Teu servo pôde matar um leão e um urso; esse filisteu incircunciso será como um deles, pois desafiou os exércitos do Deus vivo. O SENHOR que me livrou das garras do leão e das garras do urso me livrará das mãos desse filisteu". Diante disso Saul disse a Davi: "Vá, e que o SENHOR esteja com você". I Sm 17.34-37

A pior coisa para um filho de Deus é entrar em uma batalha para onde Deus não o levou. Nesse momento, assume-se os riscos, e o resultado sempre é desastroso. Sansão é exemplo de que quando se entra numa batalha sem a direção de Deus, é bem possível que se seja humilhado e se transforme em motivo de chacota.

Então ela chamou: "Sansão, os filisteus o estão atacando!" Ele acordou do sono e pensou: "Sairei como antes e me livrarei". Mas não sabia que o SENHOR o tinha deixado. Os filisteus o prenderam, furaram os seus olhos e o levaram para Gaza. Prenderam-no com algemas de bronze, e o puseram a girar um moinho na prisão. Jz 16.20-21 NVI

A vida cristã sem a participação do Espírito Santo se torna uma vida limitada, pois o Espírito Santo é responsável em conduzi-lo ao melhor da experiência com Deus. Sem o Espírito Santo a experiência com Deus não existe, é Ele a fonte da intimidade com Deus, assim como a fonte das experiências. É ele quem descortina as coisas espirituais.

"Mas quando o Espírito da verdade vier, ele os guiará a toda a verdade. Não falará de si mesmo; falará apenas o que ouvir, e lhes anunciará o que está por vir." Jo 16.13 NVI

O que é preciso para que, uma vez abençoado, a bênção permaneça?

Quem não tem o Espírito não aceita as coisas que vêm do Espírito de Deus, pois lhe são loucura; e não é capaz de entendê-las, porque elas são discernidas espiritualmente. I Cor 2.15 NVI

O Espírito Santo não conduz pessoas sem consciência de quem são

Sem que Jesus estivesse consciente do propósito de Deus para sua vida, toda a ação do Espírito Santo em capacitá-lo teria sido inútil.

O principal ataque do diabo foi na consciência de quem ele era, e o motivo de sua existência, exatamente como ele agiu no Éden, fazendo que na criação, Adão e Eva duvidassem do criador, tentando mais uma vez desacreditar de Deus e de seu propósito.

Se és o Filho de Deus, manda que estas pedras se transformem em pães. Se és o Filho de Deus, joga-te daqui para baixo. Pois está escrito: "Ele dará ordens a seus anjos a seu respeito, e com as mãos eles o segurarão, para que você não tropece em alguma pedra". Mt 4.3(a)/4.6(a)

Elias é o exemplo de que quando uma pessoa esquece quem representa, acaba se perdendo em meio aos medos e conflitos existenciais. Em nenhum momento, Deus deixou de estar com Elias por causa dos desafios que se apresentaram. Elias se nocauteia e desacredita do que Deus poderia continuar realizando por meio da sua vida.

O que adianta o Espírito Santo capacitar pessoas que duvidam de quem representam e a quem adoram? Elias passa o cajado para Eliseu porque não tinha mais condições de continuar seu ministério. Creio que se Elias continuasse determinado,

Deus continuaria usando sua vida. Eliseu aparece para ocupar a função de Elias, pois este estava desistindo por acreditar que estava passando por situações que outros não estavam.

Ele respondeu: "Tenho sido muito zeloso pelo SENHOR, o Deus dos Exércitos. Os israelitas rejeitaram a tua aliança, quebraram os teus altares, e mataram os teus profetas à espada. Sou o único que sobrou, e agora também estão procurando matar-me". I Rs 19.14 NVI

Não se esqueça de quem você é filho, não se esqueça do reino que você representa, não esqueça a quem você adora. Se o diabo conseguir colocar dúvida em sua relação com Deus, ele conseguirá desviar o seu foco, e você se perderá em seus questionamentos. Faça como o apóstolo Paulo quando confrontado pelas circunstâncias:

Deste evangelho fui constituído pregador, apóstolo e mestre. Por essa causa também sofro, mas não me envergonho, porque sei em quem tenho crido e estou bem certo de que ele é poderoso para guardar o que lhe confiei até aquele dia. I Tm 1.11-12 NVI

Mas temos esse tesouro em vasos de barro, para mostrar que este poder que a tudo excede provém de Deus, e não de nós. De todos os lados somos pressionados, mas não desanimados; ficamos perplexos, mas não desesperados; somos perseguidos, mas não abandonados; abatidos, mas não destruídos. Trazemos sempre em nosso corpo o morrer de Jesus, para que a vida de Jesus também seja revelada em nosso corpo. II Cor 4.7-10 NVI

Se conhecermos a nós mesmos e conhecermos aos nossos inimigos, lutaremos cem batalhas e venceremos todas. Se conhecermos a nós mesmos e não conhecemos os nossos

O que é preciso para que, uma vez abençoado, a bênção permaneça?

inimigos, lutaremos cem batalhas e venceremos algumas. Se não conhecermos a nós mesmos e não conhecermos aos nossos inimigos, lutaremos cem batalhas e perdemos todas. Sun Tsu - A arte da guerra.

Quarto princípio - Ele definiu a oração como prioridade em sua vida e a tornou uma verdade prática

Vocês orem assim: "Pai nosso, que estás nos céus! Santificado seja o teu nome. Venha o teu Reino; seja feita a tua vontade, assim na terra como no céu. Dá-nos hoje o nosso pão de cada dia. Perdoa as nossas dívidas, assim como perdoamos aos nossos devedores. E não nos deixes cair em tentação, mas livra-nos do mal, porque teu é o Reino, o poder e a glória para sempre. Amém. Mt 6.9-13 NVI

O que é a oração?

A primeira coisa que a oração precisa ser é um diálogo, porque se não existir diálogo, então não será oração e sim um monólogo. Portanto, sem diálogo não existe oração. Muitas pessoas, apesar de serem cristãos, ainda não experimentaram o que significa oração. Muitos ainda estão presos às rezas, e o próprio Jesus ensinou que esse estilo de oração ele não aceita.

E quando orarem, não fiquem sempre repetindo a mesma coisa, como fazem os pagãos. Eles pensam que por muito falarem serão ouvidos. Mt 6.7 NVI

Diálogo é algo que se faz com pessoas com quem se desfruta intimidade. Em nenhum momento ouvi alguém dizer que conversou durante horas com um desconhecido. Enquanto Deus for um desconhecido para algumas pessoas, suas orações não passarão de monólogos e rezas superficiais.

Intimidade é uma via de mão dupla: você se mostra a outra pessoa na mesma proporção que a outra pessoa se mostra a você, ou seja, Deus não se mostrará a você sem que você o faça na mesma proporção. Essa intimidade produz o que se chama de comunhão, que pode ser traduzido da seguinte forma: a união de duas vontades em uma causa comum.

Deus quer unir a vontade dEle e a sua por meio da oração, para isso é preciso haver diálogo, o qual deve se despir de toda a máscara religiosa. Somente dessa maneira haverá intimidade com Deus e se desfrutará de comunhão. A vontade de Deus nos céus é absoluta, o desejo dEle é que o mesmo aconteça em sua vida, e o caminho é a comunhão. Jesus, em nenhum momento, tornou-se refém das circunstâncias, e por causa de sua vida de oração, Ele provou que seria possível trazer o céu a Terra por meio da oração. Todos os milagres de Jesus foram antecipados de oração. Na multiplicação dos pães, quando anda sobre as águas, quando ressuscita Lázaro, Jesus trouxe o ambiente do céu para a terra pela oração. Com a oração, Jesus controlou suas emoções, suas decisões, seus medos, a atmosfera a sua volta, e por que não dizer, o seu futuro. Todas essas coisas foram possíveis, porque Jesus decidiu viver não segundo as pressões da Terra, mais segundo o propósito do céu.

Jesus, na oração do Pai-Nosso, ensina o que se deve pedir a Deus para que aconteça na sua vida emocional, financeira, profissional, familiar, saúde, em momentos de oração:

"Venha o teu Reino; seja feita a tua vontade, assim na terra como no céu".

Não tenho dúvidas em meu coração que a vontade de Deus para a minha vida, assim como para a sua vida, seja a vitória. A vontade de Deus está registrada em sua palavra:

O que é preciso para que, uma vez abençoado, a bênção permaneça?

Então disse Deus: "Façamos o homem à nossa imagem, conforme a nossa semelhança. Domine ele sobre os peixes do mar, sobre as aves do céu, sobre os grandes animais de toda a terra e sobre todos os pequenos animais que se movem rente ao chão". Gn 1.26 NVI

Deus criou o homem como seu representante sobre a Terra, para que a sua vontade fosse manifesta por meio do homem na Terra. Quando Satanás entra na história da humanidade, ele o faz para roubar do homem o governo que lhe foi entregue por Deus. O governo de Satanás sobre a Terra é ilegal, pois ele não foi criado para este fim, o único que tem direito legal de governar sobre este solo, sou eu e você, pois para esse propósito fomos criados por Deus.

O que acontece quando se volta para a oração?
A história é mudada pelo poder da oração

Se eu fechar o céu para que não chova ou mandar que os gafanhotos devorem o país ou sobre o meu povo enviar uma praga, se o meu povo, que se chama pelo meu nome, se humilhar e orar, buscar a minha face e se afastar dos seus maus caminhos, dos céus o ouvirei, perdoarei o seu pecado e curarei a sua terra. II Cr 7.13-14 NVI

Da mesma maneira que a bênção era a recompensa por um comportamento que agradava ao Senhor Deus, a maldição tinha a função inversa: recompensar um comportamento que desagrava ao Senhor. Com isso, Deus mostra que o controle da bênção e da maldição está no poder do próprio Deus. A oração vem como a chave para mudar períodos de crise, desencadeada pela desobediência da nação; a obediência libera a bênção, e a desobediência libera o mal. Quando Deus decide colocar a oração como fator decisivo para mudar períodos de crise, é porque a oração traz o ser humano para o convívio com Deus, e esse convívio com Deus é o que impede o mal de agir e se manifestar.

Em nenhum momento da história, Deus e o mal convivem pacificamente. Deus não fez um acordo de cavalheiros com o diabo, que é a personificação do mal, portanto é impossível que uma pessoa, que viva de fato em obediência a Deus, seja subjugada pelo mal. Quando Deus permite o mal atingir um filho, é sinal que alguma coisa está fora de ordem, e com isso o diabo encontrou oportunidade para agir. Deus empenha a sua Palavra, declarando que toda vez que ele fechar os céus (não como um jogo, não por prazer, mais pela desobediência do seu povo, porque Deus não premia a desobediência), ao orar a Deus com humildade, a Bíblia deixa bem claro, por meio de Davi, que Deus não resiste a um coração quebrantado e contrito:

Os sacrifícios que agradam a Deus são um espírito quebrantado; um coração quebrantado e contrito, ó Deus, não desprezarás. Sl 51.17 NVI

A bíblia diz que o único tipo de pessoa que desperta a resistência direta de Deus são os soberbos.

Mas ele nos concede graça maior. Por isso diz a Escritura: "Deus se opõe aos orgulhosos, mas concede graça aos humildes". Tg 4.6 NVI

Humildade é o reconhecimento de limitações, é reconhecer que sem a ajuda de Deus não se pode vencer, por mais inteligentes que se seja, por mais dinheiro que se tenha, por mais amigos que tiver conquistado, existem coisas na vida que sem a ação de Deus não se consegue mudar, e é preciso ter humildade para reconhecer isso.

O que é preciso para que, uma vez abençoado, a bênção permaneça?

A oração proposta por Deus começa com esse princípio: reconheçam o que vocês não podem fazer, por dinheiro, influência, inteligência. Reconheçam que Deus tem controle sobre o que os homens não têm. Em segundo lugar, Deus fala a Salomão, voltem a orar, ou seja, voltem a dialogar comigo, descubram novamente o que é ser íntimo, venham conversar comigo, permitam-me conversar com vocês, para que a oração de vocês não se torne somente um monte de queixas, para que não se torne um monólogo. Deus jamais fugiu de uma boa discussão:

"Venham, vamos refletir juntos", diz o SENHOR. "Embora os seus pecados sejam vermelhos como escarlate, eles se tornarão brancos como a neve; embora sejam rubros como púrpura, como a lã se tornarão. Se vocês estiverem dispostos a obedecer, comerão os melhores frutos desta terra". Is 1.18-19 NVI

Deus procura pessoas que gostam de conversas profundas e longas. Veja Moisés, oitenta dias no Horebe. Veja Abraão, discutindo com Deus sobre a destruição de Sodoma e Gomorra. Veja Elias, Jesus, Paulo, todos os homens que tiveram relacionamentos profundos com Deus, e como eles gostavam de diálogo. Quando a oração atinge esse nível de relacionamento, e se entende que é preciso se converter, afastar-se e abrir mão de coisas erradas que deixaram a porta aberta para a entrada do mal em sua vida, Deus deixa bem claro qual será o resultado: "perdoarei o seu pecado e curarei a sua terra". Por meio da oração Deus traz cura sobre as suas mazelas, e para Deus não existe cura se o mal não for arrancado.

A oração dá autoridade e o direito de declarar o que acontece sobre a Terra

Eu lhe darei as chaves do Reino dos céus; o que você ligar na terra terá sido ligado nos céus, e o que você desligar na terra terá sido desligado nos céus. Mt 16.19 NVI

Quando Jesus era surpreendido por situações adversas, ele não se desesperava, pois sabia que pela oração poderia dominar sobre as circunstâncias. Esse segredo ele ensinou aos discípulos em várias situações. Ele os encorajou a, por meio da oração, declarar o que aconteceria em suas vidas no momento seguinte. Jesus queria que os discípulos usassem a oração, não como um instrumento de desabafo nos momentos de necessidade, mais como um instrumento de autoridade diante da necessidade.

Entrando ele no barco, seus discípulos o seguiram. De repente, uma violenta tempestade abateu-se sobre o mar, de forma que as ondas inundavam o barco. Jesus, porém, dormia. Os discípulos foram acordá-lo, clamando: "Senhor, salva-nos! Vamos morrer!" Ele perguntou: "Por que vocês estão com tanto medo, homens de pequena fé?" Então ele se levantou e repreendeu os ventos e o mar, e fez-se completa bonança. Os homens ficaram perplexos e perguntaram: "Quem é este que até os ventos e o mar lhe obedecem?" Mt 8.23-27 NVI

E tudo o que pedirem em oração, se crerem, vocês receberão. Mt 21.22 NVI

O poder da oração não está limitado a um grupo de circunstâncias vívidas, porém a oração pode atingir e mudar qualquer setor em sua vida. Deve-se aprender ou reaprender a usar a oração, com a mesma autoridade que Jesus usava. Por meio da oração, Jesus rompeu os limites que as circunstâncias e o próprio diabo tentavam colocar em sua vida.

O que é preciso para que, uma vez abençoado, a bênção permaneça?

A oração capacitou Jesus a olhar para as circunstâncias, não como o ponto final, e sim como o ponto de partida para a manifestação de grandes milagres. Na primeira multiplicação dos pães e peixes, a oração que Jesus fez, apesar de simples, teve uma profundidade muito grande. Ele não agradeceu pelos pães que tinha para ele, Ele agradeceu pelos pães que tinha para a multidão.

Levantando os olhos e vendo uma grande multidão que se aproximava, Jesus disse a Filipe: "Onde compraremos pão para esse povo comer?" Fez essa pergunta apenas para pô-lo à prova, pois já tinha em mente o que ia fazer. Filipe lhe respondeu: "Duzentos denários não comprariam pão suficiente para que cada um recebesse um pedaço!" Outro discípulo, André, irmão de Simão Pedro, tomou a palavra: "Aqui está um rapaz com cinco pães de cevada e dois peixinhos, mas o que é isto para tanta gente?" Disse Jesus: "Mandem o povo assentar-se". Havia muita grama naquele lugar, e todos se assentaram. Eram cerca de cinco mil homens. Então Jesus tomou os pães, deu graças e os repartiu entre os que estavam assentados, tanto quanto queriam; e fez o mesmo com os peixes. Depois que todos receberam o suficiente para comer, disse aos seus discípulos: "Ajuntem os pedaços que sobraram. Que nada seja desperdiçado". Jo 6.5-12 NVI

Na oração que Jesus ensinou aos seus discípulos, o Pai-Nosso, Ele os ensina a declarar em oração o seguinte: "Venha o teu Reino; seja feita a tua vontade, assim na terra como no céu". Agora Jesus ensina aos seus discípulos, no mesmo raciocínio, algo mais amplo: "o que você ligar na terra terá sido ligado nos céus, e o que você desligar na terra terá sido desligado nos céus".

Aprenda a usar a oração para declarar o fim. Jesus lhe deu autoridade para, por meio da oração, declarar o que vai acontecer em sua vida em qualquer área, e pela influência da oração, creia. O diabo pode até criar algumas situações, e temporariamente ser bem-sucedido nelas, mas o fim, a última palavra, vem da boca de Deus. Sua oração pode transformar esse breve momento de fracasso em ambiente para que você conheça o poder da oração, e para que pela oração você mude o final da história.

Jesus mostrou aos seus discípulos que às vezes não há controle da origem de algumas situações, porém é possível ter o controle do final delas. Ore para que o fim não seja como o diabo planejou, e sim como o que Deus quer. Assuma a posição que Deus tem para você em seu reino, e pelo poder da oração mude o final da história.

Pela oração Deus deu autoridade para permitir que algo aconteça, ou que seja paralisado. A oração é como uma incubadora: tem o poder de gerar algo, assim como o poder de impedir que algo aconteça. Quando Elias declara ao rei Acabe que não choveria segundo a sua palavra, ele lança essa palavra debaixo de oração. Quando ele declara novamente ao rei Acabe que comesse e bebesse porque ele ouvia barulho de abundante chuva, Elias declara essa palavra, e vai orar, e foi por meio da oração que os céus se abriram novamente. Ele ousou declarar o que aconteceria em seu futuro pelo poder da oração. Certamente a oração de Elias era uma só: "vem chuva, vem, vem chuva, vem".

Ora, Elias, de Tisbe, em Gileade, disse a Acabe: "Juro pelo nome do SENHOR, o Deus de Israel, a quem sirvo, que não cairá orvalho nem chuva nos anos seguintes, exceto mediante a minha palavra". I Rs 17.1 NVI

E Elias disse a Acabe: "Vá comer e beber, pois já ouço o barulho de chuva pesada". Então Acabe foi comer e beber, mas Elias subiu até o alto do Carmelo, dobrou-se até o chão e pôs o rosto entre os joelhos. "Vá e olhe na direção do mar", disse ao seu servo. E ele foi e olhou. "Não há nada lá", disse ele. Sete vezes Elias mandou: "Volte para ver". Na sétima vez

O que é preciso para que, uma vez abençoado, a bênção permaneça?

o servo disse: "Uma nuvem tão pequena quanto a mão de um homem está se levantando do mar". Então Elias disse: "Vá dizer a Acabe: Prepare o seu carro e desça, antes que a chuva o impeça". I Rs 18. 41-44 NVI

Pela oração Deus dá sensibilidade a sua vontade

E Gideão disse a Deus: "Quero saber se vais libertar Israel por meu intermédio, como prometeste. Vê, colocarei uma porção de lã na eira. Se o orvalho molhar apenas a lã e todo o chão estiver seco, saberei que tu libertarás Israel por meu intermédio, como prometeste". E assim aconteceu. Gideão levantou-se bem cedo no dia seguinte, torceu a lã e encheu uma tigela de água do orvalho. Disse ainda Gideão a Deus: "Não se acenda a tua ira contra mim. Deixa-me fazer só mais um pedido. Permite-me fazer mais um teste com a lã. Desta vez faze ficar seca a lã e o chão coberto de orvalho".E Deus assim fez naquela noite. Somente a lã estava seca; o chão estava todo coberto de orvalho. Jz 6.36-40 NVI

As dificuldades da vida e a necessidade de ver algumas coisas mudarem rápido roubam a sensibilidade a Deus, e a sua vontade acaba se perdendo.

A oração reconecta a vontade de Deus. É assim que Deus se mostra mais profundamente ao homem, mostrando quando e como fazer, para que a sua vontade prevaleça sobre as circunstâncias adversas. Incrivelmente algumas pessoas se tornam tão sensíveis quanto um estouro de rinocerontes.

Deus fala conosco de todas as maneiras possíveis, e muitas vezes você fica com aquela cara de paisagem indagando o seguinte: "Por que Deus não fala comigo"! A oração é o canal direto para que Deus fale conosco, mas, em muitos momentos, esse canal é obstruído por medos, ansiedade e a incerteza do amanhã. Todos esses sentimentos endurecem nosso coração, e roubam a sensibilidade à Deus. Só se quer ouvir o que massageia o ego, não a vontade de Deus. Deve-se buscar na oração a prioridade de conhecer a vontade de Deus.

Pense quantas oportunidades serão criadas se a vontade de Deus deixar de ser um bicho de sete cabeças para você, e se você estiver conectado e sensível a sua voz. A vontade de Deus se manifestará dia após dia, e será como foi com os profetas, os juízes, os reis, os apóstolos.

Este é o momento de remover da sua mente e de seu coração todo o pensamento e sentimento que distanciam você da vontade de Deus. Não encha o seu coração de medo, encha o seu coração de fé, não permita que o medo decida quando e como você deve orar, ou quando e como você deve voltar a buscar a Deus em oração.

Gideão estava no pior momento de sua vida; todas as possibilidades se esgotaram, não havia comida, não havia armas, ele e sua nação estavam morando em buracos feitos em cavernas, e agora, humanamente falando, Deus o leva para uma batalha em total desvantagem. Gideão experimentou com aqueles trezentos homens uma vitória que ultrapassa em muito o campo do extraordinário. Tudo por se submeter à vontade de Deus para a sua vida.

Gideão aceitou enfrentar aqueles homens, porque estava sensível à vontade de Deus para a sua vida. A sensibilidade de Gideão foi fruto dos momentos de oração que ele passou, buscando confirmação de Deus para a decisão de entrar ou não naquela batalha. Os momentos que ele buscou a Deus encheram o seu coração de certeza, então eles começaram a olhar não para o número do exército oponente, que era muito maior que o seu contingente, mas começaram a olhar para a manifestação da mão de Deus ao seu favor. Isso me leva a dizer que quando há a certeza da vontade de Deus, enfrenta-se qualquer situação,

O que é preciso para que, uma vez abençoado, a bênção permaneça?

independentemente do quanto sejam desfavoráveis. É preciso entender que Deus não só fará conhecer a sua vontade por meio da oração, mas também dará estratégias para realizá-la.

Alarmado, Josafá decidiu consultar o SENHOR e proclamou um jejum em todo o reino de Judá. Então o Espírito do SENHOR veio sobre Jaaziel, filho de Zacarias, neto de Benaia, bisneto de Jeiel e trineto de Matanias, levita e descendente de Asafe, no meio da assembleia. Ele disse: "Escutem, todos os que vivem em Judá e em Jerusalém e o rei Josafá! Assim lhes diz o SENHOR: 'Não tenham medo nem fiquem desanimados por causa desse exército enorme. Pois a batalha não é de vocês, mas de Deus.'"
II Cr 20.3,14-15 NVI

Pela oração Deus o capacita

Naquela noite Deus apareceu a Salomão e lhe disse: "Peça-me o que quiser, e eu lhe darei". Salomão respondeu: "Tu foste muito bondoso para com meu pai Davi e me fizeste rei em seu lugar. Agora, SENHOR Deus, que se confirme a tua promessa a meu pai Davi, pois me fizeste rei sobre um povo tão numeroso quanto o pó da terra. Dá-me sabedoria e conhecimento, para que eu possa liderar esta nação, pois quem pode governar este teu grande povo?" I Cr 1.7-10 NVI

Salomão entendeu que apenas o título de rei não o capacitaria a realizar um reinado eficaz, e quando Deus aparece a ele e lhe dá a oportunidade de pedir qualquer coisa, ele pediu o mais importante: sabedoria para fazer o querer de Deus aquele povo. Essa atitude de Salomão mostra que Deus está pronto para capacitar pessoas e fazê-las atingir o ápice de suas capacidades. Deus quer e pode fazer que o melhor de você apareça, o melhor dos seus dons, o melhor de sua capacidade vocal, o melhor de sua capacidade de liderança, o melhor de sua capacidade de administração. Deus conhece o caminho para despertar em você o que há de melhor, não duvide sua capacidade ainda que você não a conheça, Deus sabe quem você é antes de você ser.

Há em todos nós, dois tipos de dons e talentos: os conscientes, que geralmente são despertados pela família, pela influência de alguém que se admira ou pela necessidade de atingir alguns alvos na vida. O segundo tipo são os inconscientes, brutos, latentes. Eles são reais, mas não há consciência de sua existência, e deixa-se até mesmo de se idealizar alguns projetos, porque se acredita não ter capacidade suficiente para realizar algumas coisas.

Eu costumo ensinar que tudo o que eu preciso para realizar as tarefas que Deus colocou em minhas mãos já foi depositado em minha vida. Quero encorajá-lo a crer que existe em você, da parte de Deus, dons e talentos para realizar qualquer tarefa por Deus colocada em suas mãos. Tiago, entendendo que Deus pode capacitar o ser humano com dons e talentos, declara:

> *Se algum de vocês tem falta de sabedoria, peça-a a Deus, que a todos dá livremente, de boa vontade; e lhe será concedida. Peça-a, porém, com fé, sem duvidar, pois aquele que duvida é semelhante à onda do mar, levada e agitada pelo vento. Não pense tal pessoa que receberá coisa alguma do Senhor, pois tem mente dividida e é instável em tudo o que faz.* Tg 1.5-8 NVI

A capacitação de Deus ao ser humano não pode ser comprada, nem está à venda, pois é fruto de busca e está disponível a todos que creem que em Deus o seu potencial latente pode despertar. Como disse anteriormente, a oração conecta, ou em alguns casos, reconecta à vontade de Deus para a sua vida, e a partir do momento que se está conectado à vontade de Deus, Ele fará se manifestar dons e talentos ocultos. Ele o treinará para que o

O que é preciso para que, uma vez abençoado, a bênção permaneça?

melhor dEle se manifeste, assim como foi com todos aqueles que Deus chamou, e capacitou para realizar a sua vontade. Suas habilidades naturais podem ser exploradas ao máximo, com a manifestação do poder de Deus. Sansão é considerado até hoje a maior manifestação física da ação do Espírito Santo na vida humana. Ele tomado pela ação do Espírito Santo lutou com a força de mil homens.

Quando ia chegando a Leí, os filisteus foram ao encontro dele aos gritos. Mas o Espírito do SENHOR apossou-se dele. As cordas em seus braços se tornaram como fibra de linho queimada, e os laços caíram das suas mãos. Encontrando a carcaça de um jumento, pegou a queixada e com ela matou mil homens. Jz 15.14-15 NVI

Em vários momentos da Bíblia, o potencial dos homens foi rompido pela ação do Espírito Santo em suas vidas, levando-os ao extremo em realizações, transformando impossibilidades em possibilidades, por um único motivo: eles não estavam contando mais apenas com o que sabiam, ou com o que podiam, eles estavam sendo conduzidos a um novo nível de experiências, pela manifestação de habilidades, de dons que eles não conheciam mais Deus os havia capacitado.

Na vida, você sempre estará cercado de pessoas que desacreditam do seu potencial, porém não permita que essas pessoas, determinem até onde você pode chegar, o que você deve fazer ou não. Quem conhece o seu verdadeiro potencial é Deus, portanto só Deus sabe até onde você pode chegar!

Em nome de Jesus, eu quero liberar sobre sua vida uma palavra: é chegado o tempo dos dons e das habilidades que Deus depositou sobre você se manifestarem para mudar o momento que você está vivendo, para levá-lo a um novo patamar de vida, ampliando sua visão, moldando sentimentos e pensamentos, transformando sua capacidade de conquistas e realizações.

Cresça, conquiste, prospere. Você tem as habilidades necessárias para realizar o que você precisa, pois já foram depositadas em você. Ore a Deus para que ele manifeste todos os dons e as habilidades que estão ocultas em sua vida. Quando Deus criou o homem, automaticamente Deus depositou nele tudo o que ele precisava para exercer domínio sobre a Terra.

A única maneira de você descobrir dons e habilidades que estão perdidos em você é consultando o seu Criador. Da mesma maneira que criou o homem e o capacitou para exercer na Terra o seu propósito, ele criou você, mas somente quando você for íntimo dEle, Ele poderá lhe dar consciência de todos os dons e as habilidades que depositou em sua vida para a realização do seu propósito.

Deus os abençoou, e lhes disse: "Sejam férteis e multipliquem-se! Encham e subjuguem a terra! Dominem sobre os peixes do mar, sobre as aves do céu e sobre todos os animais que se movem pela terra". Gn 1.28 NVI

Terceiro passo - Ocupe o seu lugar no mundo

Ele foi a Nazaré, onde havia sido criado, e no dia de sábado entrou na sinagoga, como era seu costume. E levantou-se para ler. Foi-lhe entregue o livro do profeta Isaías. Abriu-o e encontrou o lugar onde está escrito: "O Espírito do Senhor está sobre mim, porque ele me ungiu para pregar boas novas aos pobres. Ele me enviou para proclamar liberdade aos presos e recuperação da vista aos cegos, para libertar os oprimidos e proclamar o ano da graça do Senhor". Então ele fechou o livro, devolveu-o ao assistente e assentou-se. Na sinagoga todos tinham os olhos fitos nele; e ele começou a dizer-lhes: "Hoje se cumpriu a Escritura que vocês acabaram de ouvir". Lc 4.16-21 NVI

O que é preciso para que, uma vez abençoado, a bênção permaneça?

Quando eu comecei a pensar em minha vida, ainda sem consciência de Deus e do seu plano, meu sonho era ser advogado, isso motivado pela minha madrinha, que era uma juíza, muito respeitada no Rio de Janeiro, pois meus pais eram católicos e do candomblé. O segundo plano era ser faixa preta em kung fu, motivado por aquele que era meu ícone, Bruce Lee. E esse foi meu sonho desde os nove anos de idade.

Aprendi a ler sozinho, e depois disso, a minha diversão era ler dicionários, para descobrir palavras novas, palavras que eu não sabia onde nem como usá-las, mas essa era a minha diversão. Quando tive minha experiência de ir a uma igreja evangélica, já na primeira vez confessei e aceitei a Cristo como meu salvador. Quando no segundo culto da minha vida, após minha experiência de salvação, deparei-me com um rapaz ainda jovem, pregando a palavra de Deus. Esse era meu primo Marcos. Eu disse a mim mesmo a partir daquele dia: é isso que eu quero para a minha vida. Desde então todos os meus esforços são para ocupar no mundo a posição e o espaço que entendo que Deus quer para minha vida. Quando você vive sem saber aonde quer chegar, não existem caminhos que o levarão. Somente é possível contar com a ajuda de Deus, quando se decide ocupar o lugar no mundo. O lugar no mundo só pode ser ocupado quando se tem consciência do que se quer ser, onde investir tempo, motivação, dons e habilidades. Deus criou o ser humano para viver neste mundo, e entregou o mundo para ser governado por cada um de nós; não por Satanás.

Deus os abençoou, e lhes disse: "Sejam férteis e multipliquem-se! Encham e subjuguem a terra! Dominem sobre os peixes do mar, sobre as aves do céu e sobre todos os animais que se movem pela terra". Gn 1.28 NVI

Sejam vocês abençoados pelo SENHOR, que fez os céus e a terra. Os mais altos céus pertencem ao SENHOR, mas a terra ele a confiou ao homem. Os mortos não louvam o SENHOR, tampouco nenhum dos que descem ao silêncio. Sl 115.15-17 NVI

Quando você deixa de ocupar o seu lugar no mundo, para ocupar o lugar de outra pessoa, seja por aquilo que acha certo, ou por um estereótipo que as pessoas criaram de você - e agora você acha que deve ser o que as pessoas acham que você é - imobiliza toda a ação de Deus em seu favor, Deus não o ajudará a ser o que você não é, Deus não o ajudará a estar numa posição que ele não planejou para a sua vida, Deus não é incoerente.

Da mesma maneira que seu DNA é único, que sua impressão digital é única, o plano de Deus para cada indivíduo também é único. Suas expectativas muitas vezes se frustram porque você quer ser e quer ter o que outros têm, não o que Deus tem, e quer para você.

Quando há vinte anos eu vi meu primo pregando, eu não quis ser ele, mas eu quis o chamado. Logo entendi que Deus usa a cada um com visões diferente, com autoridade diferente, com profundidade de revelação da sua palavra diferente. Se eu desejasse ser o que ele era, eu estaria limitando o plano de Deus para a minha vida. Entendi que deveria buscar a Deus e conhecer as diferenças e os detalhes do meu chamado. O que muitas vezes as pessoas não entendem é que muitos ministérios se parecem, mas os detalhes tornam o ministério único. Permita a Deus dar a forma que Ele planejou para a sua vida; os seus planos falharam não porque não eram bons, mais porque o levariam a um lugar muito distante do plano de Deus para a sua vida. Deus não poderia contribuir com algo que não planejou.

O que é preciso para que, uma vez abençoado, a bênção permaneça?

Em seu coração o homem planeja o seu caminho, mas o SENHOR determina os seus passos. Pv 16.9 NVI

Muitos são os planos no coração do homem, mas o que prevalece é o propósito do Senhor. Pv 19.21 NVI

Jesus decidiu ocupar o seu lugar no mundo, e este ato incluía um preço a ser pago, e ele tinha consciência desse preço. Ele sabia que a partir do momento que ocupasse o seu lugar no mundo, ele desencadearia uma série de fatores. Sua decisão em ocupar seu lugar foi plenamente consciente deste princípio, e Jesus assume o lugar que era seu por direito.

Motivos pelos quais se deve decidir ocupar o seu lugar no mundo

- Quando você ocupa o seu lugar no mundo, define o tipo de amigos que você terá.
- Quando você ocupa o seu lugar no mundo, define a maneira de usar o seu tempo.
- Quando você ocupa o seu lugar no mundo, define o nível de relacionamento que terá com as pessoas.
- Quando você ocupa o seu lugar no mundo, define a visão que terá da vida.
- Quando você ocupa o seu lugar no mundo, define o nível de sua intimidade com Deus.
- Quando você ocupa o seu lugar no mundo, define quais são as suas prioridades.
- Quando você ocupa o seu lugar no mundo, define quanto tempo deve dedicar a Deus em oração.
- Quando você ocupa o seu lugar no mundo, define o que precisa ser aperfeiçoado em você.

- Quando você ocupa o seu lugar no mundo, define o tipo de pessoa para preencher o seu coração.
- Quando você ocupa o seu lugar no mundo, você não vê o preço a ser pago como alto demais.
- Quando você ocupa o seu lugar no mundo, define como usar e onde usar o seu dinheiro.
- Quando você ocupa o seu lugar no mundo, reconhece os sinais da ação de Deus em seu favor.
- Quando você ocupa o seu lugar no mundo, reconhece que Deus tem o controle sobre as suas decisões.
- Quando você ocupa o seu lugar no mundo, define como as pessoas olharão para você.
- Quando você ocupa o seu lugar no mundo, define o seu nível de comprometimento.
- Quando você ocupa o seu lugar no mundo, define que tipos de coisas fazem mal para a sua vida com Deus.
- Quando você ocupa o seu lugar no mundo, define quais são seus pontos fracos.
- Quando você ocupa o seu lugar no mundo, define quem são seus amigos.
- Quando você ocupa o seu lugar no mundo, define quem é o seu público-alvo.
- Quando você ocupa o seu lugar no mundo, define o poder que as palavras têm em sua vida.
- Quando você ocupa o seu lugar no mundo, define quais bagagens emocionais deve continuar carregando.
- Quando você ocupa o seu lugar no mundo, define a maneira como você se vê.

O que é preciso para que, uma vez abençoado, a bênção permaneça?

Quarto Passo - Busque ter revelação das coisas espirituais por meio de uma vida cheia do Espírito Santo

Peço que o Deus de nosso Senhor Jesus Cristo, o glorioso Pai, lhes dê espírito de sabedoria e de revelação, no pleno conhecimento dele. Ef 1.17 NVI

A relação que se tem com o Espírito Santo é fundamental para trazer luz sobre algumas verdades bíblicas; verdades estas muitas vezes resistidas, e em outras rejeitadas por mim e por você. Muitos cristãos infelizmente ainda não se deram conta que a superficialidade de sua vida espiritual lhes impede de ter acesso a verdades que não podem simplesmente ser interpretadas de maneira lógica.

Entendo que nem todas as verdades da Bíblia carecem de uma revelação, direta ou indireta da parte de Deus, porque é uma questão de raciocínio, mas entendo também que o nosso raciocínio, muitas vezes não alcança com revelação e temor necessário para entender o que Deus quer falar. Jesus disse que quando o Espírito Santo viesse ao mundo, Ele seria o responsável em trazer compreensão de verdades espirituais. Muitas pessoas ainda hoje têm dificuldade de entender a dimensão de algumas verdades bíblicas, como pecado, santidade, inferno e salvação. Apenas a eloquência humana não é capaz de transformar a maneira de pensar dessas pessoas.

Se não existir uma ação do Espírito Santo na mente e no coração do ser humano, a palavra conversão pode entrar em extinção, pois a Bíblia a apresenta como fruto da obra do Espírito Santo no ser humano. A ausência do Espírito Santo na vida cristã pode indicar uma séria ausência de conversão. Jesus ligou diretamente uma vida cristã de qualidade à manifestação e à ação do ministério do Espírito Santo. A Bíblia não diz que o ser humano é mais ou menos convertido, por ser mais ou menos espiritual, mas declara por intermédio do apóstolo Paulo que a vida pertence ou não a Deus pela ação ou não do Espírito Santo em cada um. Entendo que se o Espírito Santo não fizer parte desse processo de conversão, ele não será genuíno, pois não se converte a uma instituição, mas a quem ela representa.

Quem vive segundo a carne tem a mente voltada para o que a carne deseja; mas quem vive de acordo com o Espírito, tem a mente voltada para o que o Espírito deseja. A mentalidade da carne é morte, mas a mentalidade do Espírito é vida e paz; a mentalidade da carne é inimiga de Deus porque não se submete à Lei de Deus, nem pode fazê-lo. Quem é dominado pela carne não pode agradar a Deus. Entretanto, vocês não estão sob o domínio da carne, mas do Espírito, se de fato o Espírito de Deus habita em vocês. E, se alguém não tem o Espírito de Cristo, não pertence a Cristo. Rm 8.5-9 NVI

Mas o Conselheiro, o Espírito Santo, que o Pai enviará em meu nome, lhes ensinará todas as coisas e lhes fará lembrar tudo o que eu lhes disse. Jo 14.26 NVI

Mas eu lhes afirmo que é para o bem de vocês que eu vou. Se eu não for, o Conselheiro não virá para vocês; mas se eu for, eu o enviarei. Quando ele vier, convencerá o mundo do pecado, da justiça e do juízo. Jo 16.7-8 NVI

O que é preciso para que, uma vez abençoado, a bênção permaneça?

Por que, sem a participação do Espírito Santo, existe a dificuldade de entender questões espirituais?

A dimensão da carne não alcança a revelação das coisas espirituais

Disse Jesus: "Você é mestre em Israel e não entende essas coisas? Eu lhes falei de coisas terrenas e vocês não creram; como crerão se lhes falar de coisas celestiais?" Jo 3.10,12 NVI

Nicodemos era membro do Sinédrio, um dos principais dos judeus; e ele decide visitar Jesus na calada da noite, pois não queria comprometer a sua posição diante do Sinédrio.

Ele reconhece Jesus como um Mestre vindo da parte de Deus, porém não quer colocar sua posição privilegiada em risco.

Nicodemos mostra-se impressionado com os sinais que Jesus fazia. Então, ele pede ao Senhor que esclareça seus ensinamentos, especialmente os que estão em relacionados ao reino de Deus.

Se até aquele momento os ensinamentos de Jesus haviam surpreendido Nicodemos, a resposta de Jesus o surpreende mais ainda: se alguém não nascer de novo, não pode ver o reino de Deus. A palavra que Jesus emprega no grego quer dizer o seguinte: "nascer de cima para baixo". A resposta traz a pura essência do que representa o nascer de novo. Uma mudança radical de dentro para fora, na essência do ser humano. Somente a renovação interior permite ao homem sua participação no Reino de Deus. Jesus não fala do nascimento físico, porém de um ato criativo de Deus no homem interior. As condições de entrada no Reino são cumpridas quando alguém se arrepende e é purificado no coração.

O restante da declaração de Jesus adverte contra o perigo de um ritualismo oco, sem a eficácia do Espírito Santo, o único que pode vivificar o homem interior.

A mente humana é conduzida por quem está no controle. Se a carne está no controle da mente, tudo o que for relacionado ao mundo espiritual, será discernido com muita dificuldade. A carne resiste a tudo o que é espiritual, pois ela só alcança o que é físico, palpável, visível, material.

Pois a carne deseja o que é contrário ao Espírito; e o Espírito, o que é contrário à carne. Eles estão em conflito um com o outro, de modo que vocês não fazem o que desejam. Mas, se vocês são guiados pelo Espírito, não estão debaixo da Lei. Gl 5.17-18 NVI

Quem vive segundo a carne tem a mente voltada para o que a carne deseja; mas quem vive de acordo com o Espírito tem a mente voltada para o que o Espírito deseja. A mentalidade da carne é morte, mas a mentalidade do Espírito é vida e paz; a mentalidade da carne é inimiga de Deus porque não se submete à Lei de Deus, nem pode fazê-lo. Quem é dominado pela carne não pode agradar a Deus. Rm 8.5-8 NVI

O que torna a vida em Cristo algo difícil de ser vivido para alguns não é falta de fé, mais uma vida carnal, e, portanto, superficial em sua relação com aquilo que é espiritual. Jesus, nos vários milagres que realizou, desafiou seus discípulos, não para pensarem com uma mentalidade carnal, não a verem com uma visão carnal, Jesus queria que eles aprendessem a ver, não conduzidos pela visão que apenas vê cinco pães e dois peixes, mas com a visão de quem vê cerca de vinte mil pessoas sendo

O que é preciso para que, uma vez abençoado, a bênção permaneça?

alimentadas e saciadas, com cinco pães e dois peixes. Por isso ele declara: *"Dai-lhe vós mesmo de comer"*.

Enquanto você não decidir submeter a vontade da sua carne à ação do Espírito Santo, você não conseguirá entender as coisas relacionadas ao reino de Deus. Entendo que a mentalidade carnal é fortalecida pela mentalidade religiosa. Nicodemos era um homem religioso, que somente conseguia pensar segundo as regras de sua religião, que na maioria das vezes distorce os princípios de Deus para o homem. Por esse motivo, os ensinamentos de Jesus sobre o reino tanto o chocaram.

Em todo o Novo Testamento, a palavra religião, aparece por apenas três vezes, enquanto a palavra reino aparece 156 vezes. Isso me leva a entender que Jesus quer que eu e você tenhamos muito mais conhecimento do seu reino do que sobre religião. A mensagem do reino nos desafia a viver a vida cristã, não segundo o que se pensa ou se quer, mas segundo o que Jesus deixou bem claro:

Ele me glorificará, porque receberá do que é meu e o tornará conhecido a vocês. Jo 16.14 NVI

Entendo que a principal ferramenta do Espírito Santo para tornar Cristo e os princípios do seu Reino revelados é a Palavra de Deus, as escrituras, que infelizmente, por uma grande maioria do povo que se chama povo de Deus, é tão desprezada. São criadas muitas regras e proibições, que criam um mundinho limitado e medíocre que impedem que as pessoas vivam o melhor de Deus para suas vidas. O apóstolo Paulo mostra à Igreja de Éfeso sua preocupação em que se recebam de Deus revelação e conhecimento pleno de Cristo. A carta de Paulo a Éfeso é uma de suas cartas mais espirituais, pois em toda a carta ele conduz a igreja a conhecer mais do mundo espiritual e a assumir a posição que Cristo os colocou.

Sem a ação do Espírito Santo a mente se molda ao mundo

Não se amoldem ao padrão deste mundo, mas transformem-se pela renovação da sua mente, para que sejam capazes de experimentar e comprovar a boa, agradável e perfeita vontade de Deus. Rm 12.2 NVI

Quando se fala de valores, como virgindade, fidelidade e santidade, de princípios como Deus, criação e vida após a morte, as pessoas que vivem segundo a vontade da carne não conseguem conceber esses valores e princípios. Na mentalidade mundana, só existe vida na matéria, cada um faz da sua vida o que quiser, cada um é dono de si, a vida começa e termina aqui. O apóstolo Paulo esta encorajando e desafiando a Igreja da época a não se deixar moldar com o padrão de mentalidade mundana do momento. Muitas vezes ouvi pessoas dizendo que ser cristão é sofrer lavagem cerebral. Na verdade, eu mudaria esse pensamento para limpeza cerebral, pois é impossível compreender as coisas de Deus sem antes, em nossa mente, haver uma verdadeira limpeza de todo pensamento de rebeldia, prostituição, cobiça, idolatria, inveja, ódio, imoralidade, dissensões e facções.

Paulo, por meio desse texto cria automaticamente um princípio espiritual para a vida cristã, quando está afirmando que só nos tornamos capazes de experimentar a vontade de Deus, quando a nossa mente é renovada.

Enquanto os cristãos pensarem com uma mentalidade mundana, a vontade de Deus será algo distante demais para ser atingido. A única maneira de se experimentar tudo o que Jesus conquistou para cada um através de sua morte e sua ressurreição, é permitindo que o Espírito Santo mude a nossa maneira de pensar.

Quando Jesus interroga seus discípulos, a respeito da maneira como os outros diziam a respeito de quem ele era, quando Jesus diz os outros, são dois grupos; os religiosos e os não religiosos.

A resposta dos seus discípulos foi a seguinte:

Alguns dizem que é João Batista; outros, Elias; e, ainda outros, Jeremias ou um dos profetas. Mt 16.14 NVI

Jesus então os confronta e lhes pergunta quem eles pensavam que era Jesus? Quando Pedro dá a resposta, Jesus reconhece que a resposta, não foi concebida pela compreensão carnal de Pedro, pois ele teve uma revelação da parte de Deus sobre a pessoa de Cristo, portanto, Jesus reconhece que sem uma revelação de Deus ao coração do homem, ninguém reconheceria sua posição, assim como o mundo hoje não reconhece, pois se o reconhecessem o serviriam. O mundo acredita em Jesus apenas como um grande personagem da história, e não como o filho de Deus.

Simão Pedro respondeu: "Tu és o Cristo, o Filho do Deus vivo". Respondeu Jesus: "Feliz é você, Simão, filho de Jonas! Porque isto não lhe foi revelado por carne ou sangue, mas por meu Pai que está nos céus. Mt 16.16-17 NVI

Uma das maneiras mais claras de definir quanto a vida de uma pessoa cristã é conduzida pela mentalidade carnal ou pela mentalidade espiritual é quando se fala de assuntos como oração, jejum, leitura da Bíblia, santificação, paciência, domínio próprio, obediência. A mentalidade de uma pessoa carnal e mundana automaticamente resiste a esses temas. Querem o que Deus pode fazer, mas não querem se sujeitar aos princípios que liberam a bênção. Não há afinidade entre a mentalidade mundana e a mentalidade espiritual, uma é oposta a outra, enquanto a mentalidade de uma pessoa espiritual, está focada em buscar que a vontade de Deus seja estabelecida sobre a sua vida, a mentalidade mundana e carnal só pensa no que é contrário à vontade de Deus; a mentalidade carnal é predisposta ao pecado.

Quem vive segundo a carne tem a mente voltada para o que a carne deseja; mas quem vive de acordo com o Espírito, tem a mente voltada para o que o Espírito deseja. Rm 8.5 NVI

A decisão de que tipo de mentalidade quer adorar a Deus, é sua, porém, o tipo de escolha que se faz pode abrir portas, ou as deixá-las trancadas.

Se você quer entender e ter acesso ao melhor de Deus, mude da mentalidade carnal e mundana para uma mentalidade espiritual. Permita o Espírito Santo transformar sua mente e o conduzir a uma nova dimensão de fé, conquistas e realizações em Deus. A Palavra de Deus, quando interpretada por mentes carnais, é apenas um conjunto de regras ultrapassadas e sem sentido, porém a Palavra de Deus é um livro, em que sua essência é espiritual, não são apenas belas histórias, nem muito menos um conjunto de belas poesias. Quando a palavra de Deus é interpretada por mentes controladas pelo Espírito Santo é percebido princípios e leis espirituais que podem mudar a vida de qualquer pessoa que as pratica.

A mentalidade espiritual, não é simplesmente fruto de pessoas que frequentam uma igreja, ou que têm uma religião, seja ela

O que é preciso para que, uma vez abençoado, a bênção permaneça?

qual for. Ter uma mentalidade espiritual é fruto de vida no Espírito Santo. Ser espiritual não torna você negligentes em suas responsabilidades social, moral, civil e familiar; na verdade ter uma mentalidade espiritual, exige de cada um uma posição muito mais clara a respeito desses assuntos.

Sem a capacitação do Espírito Santo, não se está pronto para batalhas espirituais

Pois a nossa luta não é contra seres humanos, mas contra os poderes e autoridades, contra os dominadores deste mundo de trevas, contra as forças espirituais do mal nas regiões celestiais. Ef 6.12

O apóstolo Paulo, falando a Igreja de Éfeso, alerta a Igreja a respeito de uma batalha, que nos dias atuais, não é realizada com metralhadoras, bazucas, tanques, aviões ou armas químicas. Existe uma batalha sendo realizada em uma dimensão que os olhos humanos não podem perceber sua ação, somente os resultados destruidores causados na vida humana. A maioria das pessoas consegue perceber os grandes desafios que as cercam e as querem derrubar, porém não são os grandes desafios que derrubam, muitos menos as grandes pedras, essas conseguimos enxergar e desviar, o que derruba, e muitas vezes destrói, é o que não se consegue ver. O grande desafio da batalha espiritual é esse: lutar contra o invisível, lutar contra o que não se pode ver. Muitas pessoas têm passado por grandes ciclos de derrota, acreditando que é apenas uma fase ruim da vida, ou a influência da crise mundial. Na verdade, uma das principais características do diabo está por trás da destruição generalizada, porque essa característica faz parte de seu caráter e seu ministério na Terra.

O ladrão vem apenas para roubar, matar e destruir. Jo 10.10a NVI

Como enfrentar o invisível? Se houvesse a capacidade de agarrar os demônios pela garganta e apertá-los, ou ainda tomar posse de uma arma e descarregar inteira nos demônios, como seria maravilhoso! Com certeza, eu entraria na fila, mas para atirar com escopeta. Infelizmente, esse tipo de recursos em batalhas espirituais são obsoletos, não têm nenhum valor nem funcionalidade no mundo espiritual, pois as armas de uma batalha espiritual são outras. O Espírito Santo entra em cena capacitando cada um a perceber, entender e interagir com o mundo espiritual. E mais: o Espírito Santo qualifica você a enfrentar e vencer as situações criadas pelo diabo.

Quem não tem o Espírito não aceita as coisas que vêm do Espírito de Deus, pois lhe são loucura; e não é capaz de entendê-las, porque elas são discernidas espiritualmente. I Cor 2.14 NVI

As armas com as quais lutamos não são humanas; ao contrário, são poderosas em Deus para destruir fortalezas. II Cor 10.4 NVI

Finalmente, fortaleçam-se no Senhor e no seu forte poder. Vistam toda a armadura de Deus, para poderem ficar firmes contra as ciladas do Diabo, pois a nossa luta não é contra seres humanos, mas contra os poderes e autoridades, contra os dominadores deste mundo de trevas, contra as forças espirituais do mal nas regiões celestiais. Ef 6.10-12 NVI

O apóstolo Paulo vivenciou muitas situações, nas quais o Espírito Santo o qualificou a entender que muitas situações desfavoráveis em sua vida foram criadas com a manipulação de Satanás. As experiências vividas pelo apóstolo Paulo mostram que muitas vezes existem por trás de situações que se considera comuns, disfarçadamente, a ação de demônios.

O que é preciso para que, uma vez abençoado, a bênção permaneça?

Certo dia, indo nós para o lugar de oração, encontramos uma escrava que tinha um espírito pelo qual predizia o futuro. Ela ganhava muito dinheiro para os seus senhores com adivinhações. Essa moça seguia a Paulo e a nós, gritando: "Estes homens são servos do Deus Altíssimo e lhes anunciam o caminho da salvação". Ela continuou fazendo isso por muitos dias. Finalmente, Paulo ficou indignado, voltou-se e disse ao espírito: "Em nome de Jesus Cristo eu lhe ordeno que saia dela!" No mesmo instante o espírito a deixou. At 16.16-18 NVI

Para impedir que eu me exaltasse por causa da grandeza dessas revelações, foi-me dado um espinho na carne, um mensageiro de Satanás, para me atormentar. II Cor 12.7 NVI

Quisemos visitá-los. Eu mesmo, Paulo, o quis, e não apenas uma vez, mas duas; Satanás, porém, nos impediu. I Tess 2.18 NVI

A grande verdade é que independentemente de você acreditar ou não, os demônios podem atingir a sua vida, e o mundo espiritual está diariamente influenciando áreas da sua vida; nas finanças, nas emoções, na família, na saúde, nos negócios, enfim, nem tudo o que acontece em sua vida, apesar de simples, é interferência da sorte, a não ser que demônios tenham mudado de nome. Eles se manifestam tentando impedi-lo de ter acesso às bênçãos que Deus tem reservado. Quando não se percebe sua ação que por trás de situações se manifestam, roubando a alegria, fé, intimidade com Deus e bênçãos que vão permitir um ajuste ou reajuste em nossa vida, quando se tratar essas situações como casuais, nesse momento assina-se a permissão para que eles continuem agindo, roubando, matando e destruindo, em todos os níveis.

Sem a consciência de onde vem o problema não se pode reagir a ele, e ao encarar como uma má fase, não se pode fazer nada; mas se entender que existe uma ação de fundo espiritual, então, é hora de buscar em Deus direção e mudar a história.

Se conhecermos a nós mesmos e conhecermos aos nossos inimigos; lutaremos cem batalhas e venceremos todas. Se conhecermos a nós mesmos e não conhecemos os nossos inimigos; lutaremos cem batalhas e venceremos algumas. Se não conhecermos a nós mesmos e não conhecermos aos nossos inimigos lutaremos cem batalhas e perdemos todas. Sun Tsu - A arte da guerra.

Se você está vivendo um momento em que o ciclo de derrotas tem sido constante em sua vida, o Espírito Santo pode ajudá-lo a mudar este quadro. Ele pode lhe dar a percepção necessária para entender o que está acontecendo e agir, não baseado no que você tem, ou no que você sabe, mas em uma estratégia de Deus para mudar a sua vida.

O diabo não brinca de ser diabo, e dele não pode vir bem algum, portanto, a única maneira de vencer uma força espiritual, que está tentando roubar de você o que Deus tem liberado sobre a sua vida, é se enchendo de Deus pela pessoa do Espírito Santo, assim, você vai usufruir da mesma autoridade que os discípulos experimentaram. Sua batalha não está perdida, mas ela pode ser vencida por meio de uma vida cheia do Espírito Santo de Deus.

Eu lhes dei autoridade para pisarem sobre cobras e escorpiões, e sobre todo o poder do inimigo; nada lhes fará dano. Lc 10.19 NVI

Mas receberão poder quando o Espírito Santo descer sobre vocês, e serão minhas testemunhas em Jerusalém, em toda a Judeia e Samaria, e até os confins da terra. At 1.8 NVI

O que é preciso para que, uma vez abençoado, a bênção permaneça?

Princípios bíblicos e espirituais importantes que podem decidir um momento de batalha espiritual

- Princípio Bíblico e Espiritual - Deus é Senhor absoluto, portanto não está sujeito ao poder do diabo. Is 43.13
- Princípio Bíblico e Espiritual - Não enfrente os demônios sem estar preparado. At 19.13-16
- Princípio Bíblico e Espiritual - Se a nossa vida não permanecer ocupada por Cristo, os demônios voltam com mais sete. Mt 12.43-45
- Princípio Bíblico e Espiritual - O diabo não tem o poder de nos fazer pecar, ele apenas oferece os meios para o pecado. Tg 1.14-15
- Princípio Bíblico e Espiritual - Deus não tenta ninguém. Tg 1.13
- Princípio Bíblico e Espiritual - O diabo é um anjo caído, portanto criatura, ele não têm mais autoridade que um filho de Deus. Sl 103.20/Jo 1.12
- Princípio Bíblico e Espiritual - Deus nunca nos deixará ser tentados acima do que podemos suportar. I Cor 10.13
- Princípio Bíblico e Espiritual - Deus criou a Terra para os homens não para o diabo, portanto ele é ilegal na Terra. Gn 1.26-28/Sl 115.16
- Princípio Bíblico e Espiritual - O diabo não pode tocar a vida de um filho de Deus. I Jo 5.18
- Princípio Bíblico e Espiritual - O diabo na condição de anjo caído está debaixo da autoridade de Deus, portanto não pode fazer nada sem permissão divina. Jó 1.6-12
- Princípio Bíblico e Espiritual - A igreja tem autoridade sobre a ação dos demônios. Mt 16.18

- Princípio Bíblico e Espiritual - Jesus deu autoridade a todos os crentes sobre as ações dos demônios. Lc 10.17-19/ Mc 16.17
- Princípio Bíblico e Espiritual - Quando Jesus ressuscitou, ele tirou do diabo a autoridade que roubou do homem. Mt 28.18/ Ap 3.7
- Princípio Bíblico e Espiritual - Quando Cristo ressuscitou, recolocou o ser humano em posição de autoridade. Ef 2.5-6
- Princípio Bíblico e Espiritual - Jesus ridicularizou o diabo na cruz e pagou toda dívida do nosso pecado. Cl 2.10-15

O que Deus quer para a sua vida é que você caminhe debaixo da bênção dele. Para que isso aconteça, você precisa decidir viver debaixo dos princípios de Deus para uma vida abençoada. Ouso lhe dizer que não existiram decepções e frustrações. Deus criou você para viver do melhor desta Terra. Permita que ele lhe mostre o caminho, onde seus sonhos terão solo seguro para se realizarem, onde o medo do amanhã não interferirá no propósito de Deus.

Já no século XXI, Deus não deixou de ser Deus, seu poder não diminuiu, Ele continua soberano e tem tudo sob o seu controle. Ele continua o mesmo Deus que tirou Davi do curral de ovelhas, e o colocou no trono de Israel, o mesmo Deus que usou as catástrofes na vida de José para colocá-lo como governador do Egito, o mesmo Deus que permitiu Daniel chegar na Babilônia como escravo, e depois torná-lo primeiro ministro.

Essas situações não foram coincidências, mas resultado da bênção de Deus na vida destas pessoas. Eles não correram atrás. Deus fez chegar a mão deles. Esse é o resultado de quem decide caminhar debaixo da bênção de Deus.

O que é preciso para que, uma vez abençoado, a bênção permaneça?

A bênção do SENHOR traz riqueza, e não inclui dor alguma. Pv 10.22 NVI

Que este livro mude a sua visão de Deus e do lugar que ele ocupa em sua vida. Creio que é o momento de você aprender a desfrutar o que pode acontecer em sua vida a partir da bênção de Deus. Se até este dia suas experiências somam muito mais derrotas do que vitórias, eu o desafio a caminhar debaixo da bênção de Deus. Exercite os princípios apresentados neste livro, e com certeza você verá sua história ser mudada diante dos seus olhos.

"Naquele tempo eu ajuntarei vocês; naquele tempo os trarei para casa. Eu lhes darei honra e louvor entre todos os povos da terra, quando eu restaurar a sua sorte diante dos seus próprios olhos", diz o SENHOR. Sf 3.20

Ore comigo

Senhor, perdoa-me pela minha negligência e desobediência à tua Palavra.

Quero, a partir deste momento, abrir meu coração para o Senhor, para que tu reines em minha vida, ensina-me os teus caminhos e os teus princípios. Não quero mais viver segundo a minha vontade, mas quero, a partir de hoje, acreditar que o teu propósito para a minha vida é o melhor. Rejeito o medo, a ansiedade e o ostracismo. Quero crescer como pessoa e como filho de Deus. Em nome de Jesus Cristo, é a minha oração.

Sua obediência o fará viver o melhor de Deus.

Bibliografia

Biblos bíblia em CD

Bíblia Nova Versão Internacional (NVI)

Novo Dicionário Internacional de Teologia do Antigo Testamento - 1ª edição - 1998

O Novo Testamento Interpretado Versículo por Versículo - R.N. Chaplin, Ph.D. 2ª edição - 2001.

O Antigo Testamento Interpretado Versículo por Versículo - R.N. Chaplin, Ph.D. 2ª edição - 2001.

Estratégias para o sucesso parte I - John Maxwell & Jim Dornan - Editora Professional Network do Brasil – 1996.

**INFORMAÇÕES SOBRE NOSSAS PUBLICAÇÕES
E ÚLTIMOS LANÇAMENTOS**

Cadastre-se no site:

www.editoraagape.com.br

e receba mensalmente nosso boletim eletrônico.

Ágape
AMOR INCONDICIONAL

Impresso nas oficinas da
SERMOGRAF - ARTES GRÁFICAS E EDITORA LTDA.
Rua São Sebastião, 199 - Petrópolis - RJ
Tel.: (24)2237-3769